ÁMSTERDAM
INSÓLITA Y SECRETA

Marjolaine van Eys y Delphine Mousseau
Fotografías de Corné Henri Bibo y Christelle de Cazenove

EDITORIAL JONGLEZ
Guías de viaje

Guía turística profesional desde hace más de 30 años, Marjolijn van Eys conoce cada rincón de Ámsterdam. No hay lugar al que no la hayan invitado ni persona cuya familia no conozca. Colaboró con Delphine Mousseau, una expatriada francesa que lleva muchos años viviendo en Ámsterdam, para redescubrir su ciudad con ojos nuevos y aportar una perspectiva bicultural.

Ha sido un verdadero placer para nosotros elaborar la guía *Ámsterdam insólita y secreta* y esperamos que, al igual que a nosotros, le sirva de ayuda para seguir descubriendo aspectos insólitos, secretos o aún desconocidos de la ciudad. La descripción de algunos de los lugares se acompaña de unos recuadros temáticos que mencionan aspectos históricos o cuentan anécdotas permitiendo así entender la ciudad en toda su complejidad.
Ámsterdam insólita y secreta señala los numerosos detalles de muchos de los lugares que frecuentamos a diario y en los que no nos solemos fijar. Son una invitación a observar con mayor atención el paisaje urbano y, de una forma más general, un medio para que descubran nuestra ciudad con la misma curiosidad y ganas con que viajan a otros lugares...

Cualquier comentario sobre la guía o información sobre lugares no mencionados en la misma serán bienvenidos. Nos permitirá completar las futuras ediciones de esta guía.

No dude en escribirnos
info@editorialjonglez.com

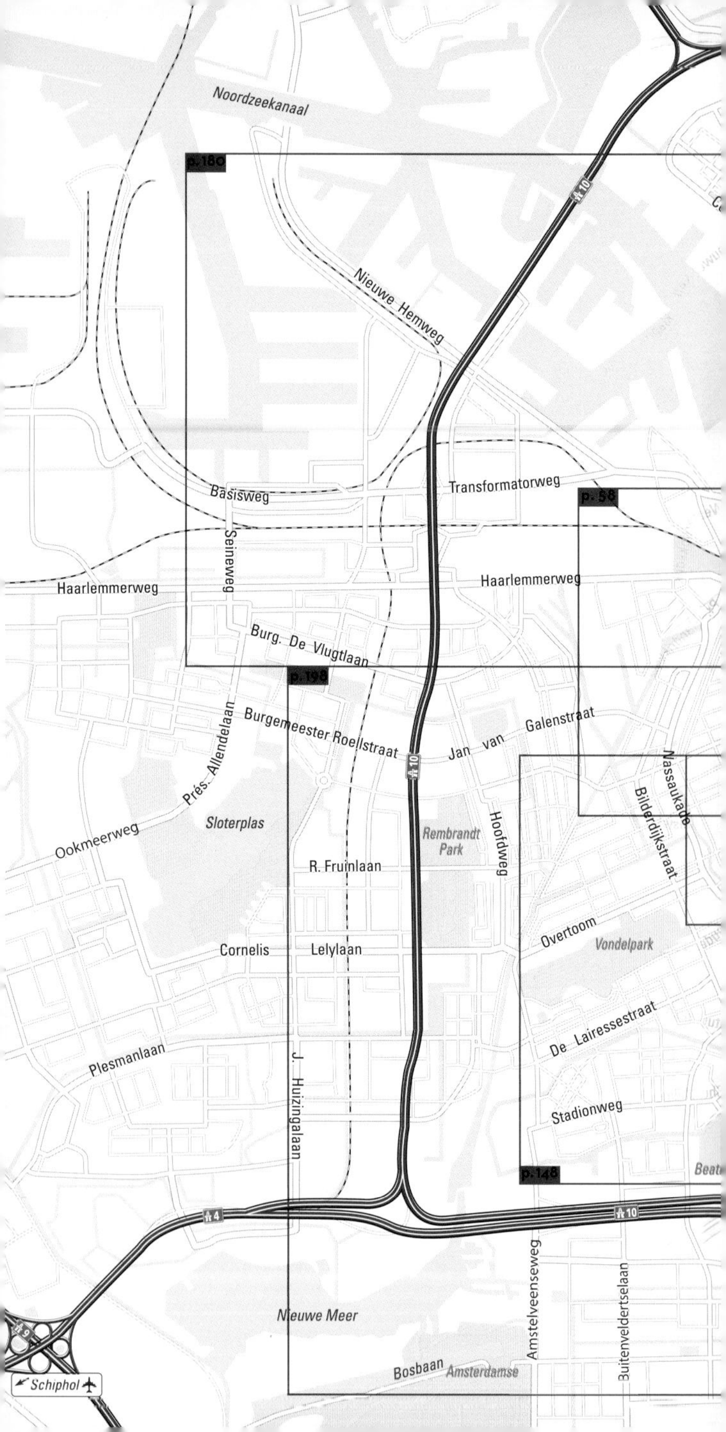

Noordzeekanaal
p. 180
Nieuwe Hemweg
Basisweg
Transformatorweg
p. 58
Seineweg
Haarlemmerweg
Haarlemmerweg
Burg. De Vlugtlaan
p. 198
Burgemeester Roellstraat
Jan van Galenstraat
Prés. Allendelaan
Nassaukade
Bilderdijkstraat
Ookmeerweg
Sloterplas
Rembrandt Park
Hoofdweg
R. Fruinlaan
Overtoom
Vondelpark
Cornelis Lelylaan
De Lairessestraat
Plesmanlaan
J. Huizingalaan
Stadionweg
p. 148
A 4
A 10
A 9
Amstelveenseweg
Buitenveldertselaan
Nieuwe Meer
Bosbaan
Amsterdamse
Schiphol

Middenweg
A10
Slochterweg
Ijdoornlaan
uwesweg
klaprozenweg
Leeuwarderweg
Flora
Park
Nieuwe
W. H.
Vliegenbos
Westerdoksdijk
p. 12
Pr. Hendrikkade
De Ruyterkade
Lj Tunnel
Het IJ
A10
Piet Heinkade
Piet Heintunnel
Zuiderzeeweg
Buiten IJ
Amstel
Weesperstraat
Plantage
I Jmeer
p. 112
uderskade
Amsteldijk
Wibautsrtraat
tuurbaan
Amstel
Middenweg
Churchilllaan
Gooiseweg
A1
A10
Hartveldseweg
A2
Gooiseweg
N
0
500
1km

RESUMEN

Centro

Grandes canales noroeste, Jordaan

Grandes canales del sureste, El Plantage, Barrio Judío

SOMMARIO

Vondelpak y alrededores

Fuera del centro - Norte

Fuera del centro - Sur - Oeste - Este

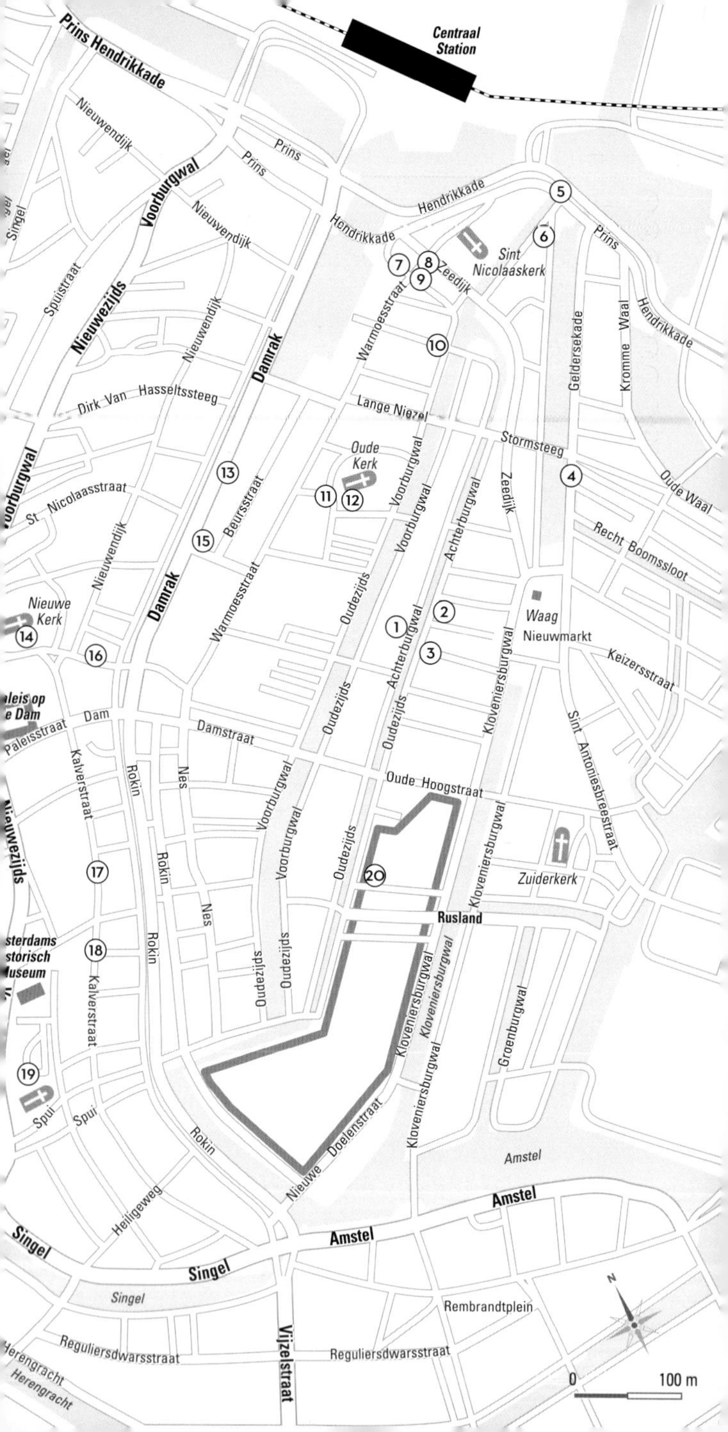

Centraal Station
Prins Hendrikkade
Nieuwendijk
Prins Hendrikkade
Voorburgwal
Singel
Spuistraat
Nieuwezijds
Damrak
Warmoesstraat
Zeedijk
Sint Nicolaaskerk
Geldersekade
Kromme Waal
Dirk Van Hasseltssteeg
Lange Niezel
Stormsteeg
Oude Kerk
Oudezijds Voorburgwal
Achterburgwal
Oude Waal
Recht Boomssloot
St. Nicolaasstraat
Beursstraat
Nieuwe Kerk
Waag
Nieuwmarkt
Keizersstraat
Dam
Damstraat
Paleisstraat
Kloveniersburgwal
Sint Antoniesbreestraat
Oude Hoogstraat
Kalverstraat
Rokin
Nes
Oudezijds Achterburgwal
Zuiderkerk
Rusland
Amsterdams Historisch Museum
Groenburgwal
Nieuwe Doelenstraat
Spui
Amstel
Heiligeweg
Singel
Rembrandtplein
Reguliersdwarsstraat
Vijzelstraat
Herengracht
N
0
100 m
1 2 3 4 5 6 7 8 9 10 11 12 13 14 15 16 17 18 19 20

Centro

LA CAPILLA DE TODOS

①

Un lugar para la oración donde todo el mundo es bienvenido

De Allemanskapel van Sint Joris
Oudezijds Achterburgwal 100
020 626 66 34
Misa todos los días a las 8:45 h y a las 19:30 h salvo los domingos
Lectura de la Torá cada viernes

Alejada de los recuerdos de la Alteración (ver a continuación), la «capilla de todos» es un sorprendente lugar donde los creyentes de las confesiones cristianas o judías son bienvenidos. La iglesia muestra pues símbolos tradicionales de distintas religiones: un *ambom* (pupitre protestante típico sobre el que se coloca la Biblia), un púlpito católico, un iconostasio ortodoxo (amovible) que puede separar el coro del resto de la iglesia y, en la entrada de la capilla, unas pilas bautismales o «Jordán», elemento diferenciador de la tradición evangelista. Los motivos del suelo en forma de círculos concéntricos representan supuestamente los impulsos que el Creador da a nuestro mundo así como los diferentes grados de compromiso de los miembros de la comunidad. Finalmente, el candelabro con forma de globo terrestre, simboliza nuestra devoción. Conforme al espíritu del lugar, se puede elegir que sea un cura, un pastor o un rabino quien oficie las liturgias.

La Alteración: de los católicos a los protestantes

El 26 de mayo de 1578, la administración de la ciudad de Ámsterdam pasó de manos de los católicos, que sin embargo habían acabado por unirse a la revuelta contra los españoles, a manos de los orangistas: es una etapa clave de la historia de la ciudad denominada *Alteratie* o Alteración. Las iglesias y las capillas fueron confiscadas y entregadas de nuevo al culto protestante o destinadas a la práctica de actividades profanas. Cambiaron sus nombres para eliminar cualquier vínculo con los santos o la Virgen y se prohibió a los católicos ejercer públicamente su culto. Si bien los católicos no fueron perseguidos, hasta 1798 tuvieron que buscar lugares secretos para reunirse, como la famosa iglesia de Nuestro Señor en el Desván (Amstelkring).

Los conventos de Ámsterdam

En la Edad Media, Ámsterdam contaba con más de 20 monasterios, ubicados en su mayoría fuera de las murallas de la ciudad y regentados principalmente por monjas. Casi todos se encontraban en la parte suroeste de la ciudad, entre el Rokin, el Nes y el Kloveniersburgwal. En la actualidad sólo los nombres de las calles dan testimonio de esta intensa vida religiosa: Bethaniënstraat por el convento de Santa María Magdalena de Betania, Monnikenstraat por el nombre del monasterio franciscano o Reguliersstraat, por las hermanas regulares. Y como nombre gracioso el de la callejuela «Gebed zonder end» (la oración sin fin). Numerosos monasterios de la ciudad se encontraban en esta calle por lo que siempre se escuchaba una oración.

EL CONVENTO DE BETANIA

②

Un convento que criaba vacas

Betaniën klooster
Barndesteeg 6B
020 625 00 78
Conciertos gratuitos de los alumnos del Conservatorio todos los viernes a las 12:30 h, salvo en periodo de vacaciones escolares

Originalmente el convento de María Magdalena de Betania acogía a las mujeres que, tras haber vivido una vida disoluta, deseaban hacer penitencia. En 1492, el cabildo de la Casa Madre ubicada en La Haya dio permiso al convento para construir su propia capilla, con vicario y cementerio propios.

También se criaban vacas en el convento (ver a continuación) y elaboraban cerveza. Se clausuró en 1578, salvo el ala norte a lo largo del Barndesteeg que fue conservada y restaurada en 1980. El convento viejo posee un sótano abovedado del siglo XV, dos plantas divididas en una sala y un desván con habitaciones donde se alojan jóvenes músicos.

¿Por qué se llama así la Koestraat?

Tras la Alteración de 1578, la municipalidad de Ámsterdam compró gran parte de la parcela del convento de Betania. Koestraat conserva su nombre en recuerdo a los establos donde las monjas cuidaban de sus vacas.

EN LOS ALREDEDORES

El bajorrelieve del gremio de comerciantes de vino ③

Wijnkopersgildehuis,
Koestraat 10-12

La puerta de entrada al número 10-12 de Koestraat está coronada por un frontón decorado con un bajorrelieve que representa a Baco de cuerpo entero. Sostiene unas vides adornadas con hojas y racimos de uva. En esta casa se reunía el gremio de los comerciantes de vino de 1630 a 1798. El edificio y su puerta, construida en 1633 por el arquitecto Pieter de Keyser, están catalogados como monumento histórico desde 1970.

EL RÓTULO DE PIEDRA «IN COIGNAC»

④

Del vino al brandy... y de ahí, al coñac...

Geldersekade 97

La casa ubicada en el número 97 de Geldersekade fue construida a principios del siglo XVII por el mercader de vinos Willem Hendrickszoon. Sobre la fachada, entre la primera y la segunda planta, un hermoso rótulo de piedra representa una ciudad, acompañada de la inscripción «*In Coignac*».

Las investigaciones que se llevaron a cabo durante la restauración de este rótulo en 1993 demostraron que se trataba de una representación de la ciudad francesa de Cognac, en Charente, cuyos lazos con Ámsterdam son importantes (ver a continuación).

Detrás de la muralla almenada de la ciudad están claramente representados los bastiones semicirculares, las puertas de la ciudad, los puentes, las casas con torres, las iglesias y las capillas.

A la izquierda del rótulo de piedra se aprecia un gran castillo e incluso se ven personas paseando a lo largo del río, así como un jinete a caballo.

La ciudad de Ámsterdam, inventora del coñac

El coñac debe mucho a los holandeses. En el siglo XI, la ciudad de Cognac había desarrollado una importante actividad mercantil en torno a sus almacenes de sal. Los navíos holandeses que transportaban el trigo desde el este de Europa hacia el oeste de Francia, cargaban, a su regreso, sal y vino, resultado de la expansión de las viñas del Poitou. Este vino se hizo rápidamente famoso pero, debido a la pequeña cantidad de alcohol que contenía, soportaba muy mal los trayectos largos. En el siglo XVII, un boticario de Ámsterdam descubrió que calentándolo y añadiéndole luego agua, se producía un cambio de sabor interesante y se conservaba mejor. A este vino se le llamó *Brandewijn*, o vino quemado, de ahí la palabra *brandy*. Fue al caballero de la Croix-Marron a quien se le ocurrió destilar esta mezcla una segunda vez. El alcohol se transformaba de esta forma en un aguardiente inalterable. Esto dio origen a una nueva bebida: el coñac.

EL RÓTULO DE PIEDRA DE LOS LAMENTOS DE LA V.O.C.

⑤

La despedida de los marineros que zarpaban

Prins Hendrikkade 94-95 - 020 428 82 91

El *V.O.C. café* se encuentra en la Schreierstoren, una de las torres de vigilancia de la ciudad durante la Edad Media. Construida en 1480, la torre daba directamente sobre el mar. Sin embargo, al haber subido el nivel del suelo una parte de la torre está hoy soterrada. La torre luce un sorprendente rótulo de piedra que data de 1569 y que representa a una mujer llorando. A su lado, una inscripción reza «*Scrayer-Houvk*», lo que significa literalmente «la esquina de los lamentos». Era, en efecto, en este lugar donde las mujeres venían a despedirse de los marineros que salían a la mar, sin saber si iban a regresar. Sin embargo, algunos opinan que el nombre de Schreierstoren viene más bien de la palabra holandesa *scherp* (saliente), alusión al hecho de que la torre está construida sobre el ángulo saliente del muro de la ciudad medieval. Si observas la placa de 1946 que conmemora los 350 años de la salida del primer convoy de la V.O.C. (ver las siguientes páginas) compuesto de cuatro navíos dirigidos por Cornelis Houtman, en dirección a las Indias. Salió en 1596 y desde este mismo lugar. Sólo regresaron tres navíos en 1597. El ave simboliza el navío que no regresó. Otra placa de bronce, colocada por la Greenwich Village Historical Society, conmemora el día de la partida, el 4 de abril de 1609, de Henry Hudson, cuyo apellido dio nombre al río Hudson, hacia América a bordo del navío Halve Maen (Media Luna), armado por la V.O.C.

Para otras piedras orientadas V.O.C., ver la doble página siguiente.

La primera sociedad anónima

Una de las razones que explican la potencia histórica de los Países Bajos es la creación, en 1602, de la *Verenigde Oost Indische Compagnie*, o V.O.C. (Compañía de las Indias Orientales Unidas): estando en la cima de su esplendor, la República de los Países Bajos poseía en efecto la segunda red de factorías más rica del mundo, por detrás de los portugueses. La aventura en las Indias era muy costosa y arriesgada pero también muy lucrativa. Los ricos comerciantes de las Provincias Unidas tomaron conciencia de ello y decidieron asociarse para crear la primera sociedad anónima del mundo financiada con acciones, que contaba con la exclusividad para ejercer actividades comerciales en Oriente, desde África del Sur hasta Japón. En lugar de desbloquear fondos para financiar cada una de las expediciones, el capital era permanente y había numerosos accionistas. De este modo se disponía siempre de un capital importante lo que le aseguró a la V.O.C. una estabilidad financiera ejemplar. Además, la V.O.C. era titular de todos los poderes de regalía: en nombre de la Cámara de Diputados, podía fundar colonias, crear su propio ejército, declarar la guerra y firmar tratados; ejercer la justicia, acuñar monedas y recaudar impuestos. Se trataba de una organización descentralizada, organizada en seis cámaras regionales independientes, cada una de ellas representaba a una ciudad y sus cercanías. Cada cámara elegía a sus representantes, formando así la dirección general o *Heren XVII*. Fue, al fin y al cabo, la primera organización estructurada de una burguesía que se estaba liberando de los privilegios feudales, en otras palabras, la primera manifestación del capitalismo. La V.O.C. comerciaba principalmente con las especias, en particular con la pimienta, la nuez moscada, la canela y el clavo así como con la porcelana y la seda. Sin embargo el cargamento de los navíos también incluía tabaco, arroz, té, café, azúcar así como hierro, estaño, acero y, evidentemente, opio. La Compañía también se enriqueció con el comercio regional que se llevaba a cabo desde Batavia hacia Asia, China y Japón incluidos. Frente al proselitismo católico de los portugueses, Japón cerró en 1639 el acceso a sus puertos a todos los navíos, salvo a los holandeses, que mantuvieron su factoría en la isla de Deshima, al lado de Nagasaki, hasta 1859. Durante casi dos siglos, la V.O.C. envió cerca de un millón de personas a Asia en 4721 navíos, de los cuales 3356 regresaron con casi 2,5 millones de toneladas de mercancías. Antes de la V.O.C. existió la Compañía Británica de las Indias Orientales, fundada en 1600. Sin embargo fue la primera en emitir acciones, sirviendo de ejemplo a numerosas compañías como la Compañía Francesa de las Indias fundada en 1664 por Colbert; la Compañía Danesa Asiática fundada en 1670 y la Compañía Sueca de las Indias Orientales fundada en 1731.

Los rótulos de piedra de la V.O.C.

En el número 14 de Oudezijds Voorburgwal, sobre la fachada lateral de la casa, un pequeño rótulo de piedra representa a tres joviales marineros en fila india. Originalmente este rótulo estaba en el número 20 de Bethaniëndwarsstraat, al lado de la casa de las Indias Orientales donde se pagaba el sueldo a los marineros. Seguramente este rótulo de piedra era el soporte publicitario de uno de los numerosos albergues que había en este barrio en la época. En el número 136 de Oudezijds Voorburgwal: un hermoso frontón de madera esculpido representa al almirante Cornelis Tromp. Numerosos atributos le distinguen como almirante: la coraza, el globo y la carta de navegación pero también su bastón de mando y su medalla. A la derecha del globo, observará un cañón, en referencia al nombre del almirante. El almirante Tromp obtuvo reconocimiento por su victoria contra los ingleses en 1652. Cerca de Oudezijdskolk, se han unificado en un pequeño muro varios rótulos de piedra que se conservaron tras la demolición de unas antiguas casas. La que representa una leona tumbada «*de liggende leeuwin*» proviene del número 14 de la Kleine Kattenburgerstraat y fue sellada en este lugar en 1960. Las abundantes ubres y la ausencia de melena dejan claro que se trata de una leona. Detrás se puede observar una boya o baliza de madera que, en esa época, se colocaba a lo largo de la costa para orientarse durante la navegación. En marzo de 1622, un navío de la V.O.C. llamado "La Leona" («De Leeuwin») alcanzó la parte más occidental de Australia. Desde entonces este lugar es conocido como «cabo Leeuwin». En el número 114 de Nieuwe Uilenburgerstraat: la inscripción confirma que lo que contiene el gran saco es café. Observa que tanto a la izquierda como a la derecha hay una flor y un fruto de café. En el muro exterior del Museo Histórico hay un magnífico rótulo ancho que originariamente se encontraba en el número 174 de Warmoesstraat. Representa a un mercader negociando algodón. En el número 21 de Tweede Rozendwarsstraat, se distingue un rótulo de piedra que representa a un marinero con su uniforme de gala. Seguramente este rótulo indicaba la casa de un oficial de la V.O.C. En el número 33 de Tichelstraat, en la parte superior del hastial en forma de cuello, la inscripción «Batavia 1737» enmarca una espada y una corona de laurel con un escudo naranja en segundo plano, el escudo de Batavia, la primera factoría holandesa en Indonesia. Originalmente estaba compuesta por un fuerte y cuatro bastiones con los nombres de las cuatro provincias holandesas: Gelderland, Zeeland, Holland y West Friesland. La sede de la V.O.C. se instaló en la ciudad de Batavia, hoy conocida como Yakarta. En el número 20 de Buiten Brouwersstraat, hay un hermoso rótulo de piedra en cuatricromía, recientemente restaurado. Representa el navío de tres mástiles *China*, construido en

1676 por la Cámara de Comercio de Ámsterdam de la V.O.C. en los astilleros navales de la isla de Oostenburg para llevar a cabo viajes a Oriente. Este hermoso navío logró su objetivo al llevar a cabo cinco viajes de ida y vuelta a la factoría de Batavia, entre 1677 y 1691. Cada trayecto duraba un promedio de 6 a 9 meses.

Tres cafetos ilustran el rótulo de piedra de la fachada del número de 38 de St Nicolaasstraat. Simbolizan las tres factorías de la costa este de África, Mocha, Basra y Gamron, desde donde se traía el café. En 1742, una tienda de café abrió en esta calle, lo que explica la existencia de este rótulo de piedra.

EL ALMACÉN DE SHIPCHANDLER

⑥

Una tienda intacta del siglo XVII

Ship Chandlers warehouse
Geldersekade 8
Visita previa cita llamando al 06 53 450 758

Previa cita, podrá visitar el sorprendente almacén antiguo de Shipchandler, una tienda del siglo XVII cuya disposición interior se ha mantenido casi intacta: el mostrador, las balanzas e incluso los toneles de cerveza y las alacenas.

En el Siglo de Oro, los capitanes de los navíos venían a este almacén a comprar provisiones antes de zarpar. La tienda estaba situada en la planta baja y el resto de las plantas estaban destinadas a almacenar las mercancías. Se encargaban y testaban los productos, sobre todo la comida, que se enviaban a los navíos en pequeñas barcas. Como reza la inscripción en una piedra del sótano, el edificio se construyó en 1624 y el estilo de la fachada trasera que da a Oudezijds Kolk 1A-D y cuyo hastial está en punta (*tuitgevel*) no deja lugar a dudas. Fue totalmente reformado en el siglo XVIII. La cornisa horizontal estilo Luis XVI data de 1775 aproximadamente y presenta ornamentos festonados.

Observa también el interesante tímpano sobre la puerta. Representa un tonel de tabaco y dos cestas en junco trenzado llenas de hojas de tabaco, lo que indica que el tabaco fue el primer producto con el que empezaron a comerciar.

En el interior, en la pared situada encima de la escalera observará una escultura de madera de Jean Nicot, descubridor en 1560 de esta planta con virtudes medicinales y de cuyo apellido procede la palabra nicotina. Fue sin duda hacia 1800 cuando la tienda cambió de actividad comercial. Este edificio es un claro ejemplo de una casa de mercaderes. Seguramente en aquella época las tres ventanas centrales estaban cerradas con contraventanas y se accedía por ellas a los graneros donde se almacenaban las mercancías que habían sido previamente izadas utilizando la viga maestra. Hace 25 años, los propietarios reformaron completamente el edificio manteniendo los detalles de época.

La sala de recepción de la primera planta, decorada siguiendo el estilo del siglo XVII, puede alquilarse para organizar cenas de 20 a 50 personas. Se puede servir el aperitivo en el salón cuya mesa de billar se ha conservado.

RÓTULO DE PIEDRA DEL BAR *IN DE OLOFSPOORT* ⑦

Una antigua refinería de azúcar

Proeflokaal In de Olofspoort,
Nieuwebrugsteeg 13
020 624 39 18

De Olofspoort es una casa de degustación ubicada en un edificio que data de 1619. Construido por el arquitecto Hendrik de Keyser en el lugar donde antiguamente se encontraba la puerta san Olaf, de ahí el nombre de «In de Olofspoort», posee un hermoso hastial escalonado, bello ejemplo del estilo holandés renacentista.

El rótulo de piedra es un interesante testimonio de la historia de esta casa. Apreciará en él a tres hombres ataviados con la típica indumentaria de la época en la que se construyó el edificio.

Originariamente, el edificio albergó una refinería de azúcar, tal y como lo recuerda la inscripción del rótulo «in de lompen», *lomp* significa pan de azúcar en holandés antiguo. A continuación lo ocupó por una panadería. Finalmente, en 1986, el edificio fue rehabilitado como casa de degustación: el interior está decorado como en el siglo XVII y se pueden probar unas sesenta ginebras holandesas y belgas.

Se realizó el hastial escalonado siguiendo el estilo de Lieven de Key, un arquitecto flamenco que introdujo el estilo renacentista en Haarlem a principios del siglo XVII. Este hastial presenta numerosos escalones pequeños decorados minuciosamente con bloques blancos y una pilastra.

La historia de las «casas para pozos»

Fíjate en la pequeña cabaña delante de la casa: se trata de un *pothuis* (literalmente, una «casa para pozo»). En la Edad Media, las casas tenían un pozo del lado de la calle, protegido por un pequeño cobertizo de madera al que se accedía desde la planta baja. De ahí el nombre de *puithuis*, o «casa del pozo». En el siglo XVII, cuando las casas se construían en ladrillo, la mayoría de los *pothuizen* (o «casas para pozo») desaparecieron. Algunos se han conservado y utilizado como trascocinas para guardar los utensilios. También han sido aprovechados por pequeños artesanos como los zapateros, y se han llegado incluso a usar como vivienda. En 1820 se prohibió la construcción de *pothuizen*.

CASA DEL ZEEDIJK 1

⑧

Una de las dos últiimas casas de madera de Ámsterdam

Zeedijk 1
020 626 84 01

Construida en 1550, la casa situada en el número 1 de Zeedijk, es una de las dos casas de madera que se conservan en Ámsterdam. La construcción de madera descansa sobre muros de ladrillo pero todo el esqueleto es de madera original.

La casa fue construida *op de vlucht*, es decir un poco inclinada hacia delante. Cada planta está construida con un saliente de 25 centímetros sobre la anterior para que el agua de la lluvia cayera sobre la calle y para facilitar el ascenso de las mercancías a las plantas superiores o al granero.

Esta casa siempre ha funcionado como taberna. Situada cerca del mar, recibía a muchos marineros que traían monos de los viajes que hacían a los países lejanos: regalaban estos exóticos animales al propietario, como regalo o como pago de sus deudas.

Al propietario le gustaba encerrarlos en jaulas, a pesar de que esto atraía a los parásitos. Cuando alguien en el barrio donde estaba la taberna se rascaba, la gente de la calle decía «¡Mira, se ha hospedado donde el mono!».

Este comentario se ha convertido en una expresión que se utiliza para referirse a una persona que tiene problemas. En la planta baja está el café *In't Aepjen* (*Aepjen* es la ortografía en antiguo neerlandés de *Aapje*, mono), y en las plantas superiores están las habitaciones del hotel Barbizon.

La otra casa de madera de Ámsterdam se encuentra en el Begijnhof (Beguinage) (Begijnhof 34), plaza Spui, y data de 1470. Hay otras casas en Ámsterdam que se construyeron en madera pero las dos casas mencionadas anteriormente son las únicas cuyas estructuras de madera del siglo XVI siguen estando intactas.

En la Edad Media gran parte de las casas estaban construidas en madera, pero los grandes incendios de 1421 y 1452 llevaron a prohibir que se utilizara este material altamente inflamable en las edificaciones –por lo menos en lo relativo a los muros de carga, los cuales permitían a su vez construir casas más altas–. La mayoría de las casas se construían con ladrillos, a falta de encontrar recursos naturales de piedra. Se llama *bentheim* a las pocas piedras utilizadas en la construcción. Esta palabra proviene del nombre de las canteras de Alemania, cerca de la frontera, de donde se extraía dicha piedra.

LA CAPILLA DE SAN OLAF

9

La capilla más antigua de Ámsterdam

Ver desde el exterior en Zeedijk, 1012AN Ámsterdam
Entrada por el Hotel Barbizon
Prins Hendrikkade, 59-72
Visitas previa petición llamando al 020 556 45 64

La capilla de San Olaf es la capilla más antigua de Ámsterdam. Construida en el Zeedijk entre 1440 y 1450, está bajo la protección de San Odulphus de Brabante, el santo patrón de los diques.

A finales del siglo XV, se amplió la capilla y pasó a llamarse capilla de Jerusalén, ya que en los siglos XV y XVI era el lugar de reunión de los peregrinos que habían viajado a Tierra Santa y eran conocidos como «padres de Jerusalén». La capilla es de estilo gótico pero las entradas –la que da al Zeedijk es de 1644 y las dos que dan al Nieuwebrugsteeg son de 1620 y 1671– son de estilo renacentista holandés.

Observa el alto relieve reformado sobre la puerta del Zeedijk. Representa un esqueleto tumbado acompañado del lema «spes altera vitae» (con la esperanza de otra vida). Tras la Alteración de 1578, la municipalidad confiscó la capilla utilizándola como Bolsa de Comercio antes de entregarla a la iglesia reformada en 1602. Es entonces cuando pasó a llamarse Oudezijds Kapel. En 1912, se celebró en la capilla un último oficio. Después se utilizó para fines varios, de los cuales cabe mencionar, la Bolsa semanal del queso en los años 50…

En 1964, se cerró la capilla de San Olaf por riesgo de derrumbamiento. Fue tan sólo en 1991 cuando fue completamente restaurada a iniciativa de la ciudad, de los monumentos históricos y del hotel Barbizon. Hoy, se utiliza la capilla como sala de conferencias y está unida al hotel Barbizon por un pasadizo subterráneo.

La puerta de San Olaf

La puerta de San Olaf formaba parte de las murallas de Ámsterdam. Se construyó en 1370 en la prolongación de la arteria principal de la ciudad. La puerta se componía de dos grandes torres de piedra que daban a la ciudad, de un puente que cruzaba el canal y de una fortificación que daba al exterior. En 1425, la puerta dejó de utilizarse dado que la ciudad se había expandido más allá de las murallas. Aunque el edificio fue destruido en 1618 el pasadizo conserva su nombre.

Un parking ultramoderno

El hotel Barbizon tiene un parking automático de 25 plazas. Se aparca colocando el coche sobre una plataforma que el portero del hotel acciona desde un panel de control para dejarlo aparcado de manera automática en una de las plazas subterráneas.

EL RÓTULO DE PIEDRA DE RIGA ⑩

El escudo de Riga, recuerdo del comercio hacia el mar Báltico

Oudezijds Voorburgwal 14

En el número 14 de la calle Oudezijds Voorburgwal, no lejos del antiguo puerto del siglo XV, una fachada de piedra presenta llaves dispuestas en cruz, que son las armas de la ciudad de Riga (capital de Letonia desde 1918). Este elemento decorativo recuerda la importancia del comercio entre los Países Bajos y los países bálticos: Wessel Becker, que mandó construir esta casa hacia 1650, era un comerciante de Riga, ciudad con la que Ámsterdam mantenía entonces relaciones comerciales muy florecientes.

De hecho, ya en 1356, las ciudades de Zutphen, Deventer, Kampen, Zwolle y Tiel habían unido sus fuerzas para formar una alianza comercial con ciudades alemanas, belgas y bálticas: «De Hanze» (la «Liga Hanseática») gozaba de privilegios concedidos por varios soberanos europeos, lo que garantizaba un comercio especialmente fructífero.

Las principales ciudades de la Liga Hanseática estaban todas situadas a orillas de mares o ríos. En 1438 se desarrolló otra organización comercial en el mar Báltico, pero no fue hasta el siglo XVII cuando se le dio el nombre de «Moeder Negotie» («comercio madre»), convirtiéndose en la principal fuente de riqueza de los Países Bajos.

El comercio con los países ribereños del Báltico, en particular Polonia, Prusia Oriental y Letonia, fue especialmente fructífero, ya que las ciudades hanseáticas comerciaban sobre todo con artículos de lujo.

Parte del capital generado por el comercio báltico se invirtió posteriormente en el transporte marítimo hacia las Indias Orientales, donde se desarrollaron nuevos puestos comerciales.

El barco típico con el que los holandeses comerciaban en el Báltico se llamaba «Flûte». Este barco tenía una bodega más ancha que la media y una cubierta estrecha.

Con una tripulación más reducida a bordo, podía transportar más mercancías y beneficiarse de peajes más bajos, que se determinaban en función del tamaño del barco.

Los mercantes holandeses transportaban grano, pólvora de Suecia, madera, hierro y armas a Francia y Portugal, y regresaban cargados de vino y sal. Hacia 1530, los holandeses contaban con una flota comercial de 400 barcos, más que la inglesa y la francesa juntas. Ámsterdam se convirtió así en el mercado central de grano de Europa en el siglo XVI.

PROVERBIOS DE LA OUDE KERK

⑪

«El dinero no sale de mi trasero»

Oude Kerk
Oudekerksplein 23
020 625 82 84

El coro de la Oude Kerk (conocida como iglesia de San Nicolás y católica de 1300 a 1578) alberga una soberbia sillería decorada con bajorrelieves que ilustran una serie de proverbios neerlandeses. Estas representaciones poco conocidas, que datan de la década de 1480 según la vestimenta de los personajes, bien merecen prestarles atención.

Incluyen refranes como: «El dinero no tiene valor ante la muerte», «A favor del viento se navega bien» (en el sentido de «Hay que aprovechar la oportunidad»), «El dinero no sale de mi trasero» (en el sentido de «El dinero no cae del cielo»). También existe la expresión

«Estar entre la espada y la pared» … En cuanto al proverbio «Bostezar más que la puerta de un horno», nos recuerda que no debemos perder el tiempo en intentar algo imposible. Siguiendo el mismo estilo, hay representaciones de varios pecados (sobre todo la ira y la ebriedad). Otras obras testimonian también de la herencia mixta de esta iglesia, convertida en templo protestante en 1578: además de la sillería del coro, la representación de un santo en la bóveda recuerda el apogeo del catolicismo, mientras que el púlpito situado en el centro del santuario es característico de la Iglesia reformada

Ámsterdam tiene tres iglesias de San Nicolás: la Oude Kerk antes de ser rebautizada, la que está situada en el mismo canal, en los números 38-40, construida en secreto en 1661 y convertida en museo en 1888, y, por último, la iglesia que construyó en 1887 en Prins Hendrikkade 73 el arquitecto Andrianus Bleys y que obtuvo el título honorífico de basílica en 2012.

LOS SÍMBOLOS DEL ÓRGANO VATER-MÜLLER EN LA OUDE KERK ⑫

La celebración de la música divina

Oude Kerk
Oudekerksplein 23
020 625 82 84

El impresionante órgano de la Oude Kerk fue instalado en 1539. El famoso compositor Jan Pieterszoon Sweelinck (1562-1621) lo tocaría mucho antes de que el organero Christian Vater lo modificara parcialmente en 1724. La caja del instrumento está ricamente decorada y sus numerosos detalles tienen todos un significado cuidadosamente elegido. La esfera que corona la caja presenta una serpiente mordiéndose la cola (también llamada «uróboros»), símbolo de la eternidad. La manecilla está adornada con alas que recuerdan que el tiempo vuela y huye. El ángel que toca la trompeta evoca tanto el juicio final como la música que eleva el alma dentro de la iglesia. Dos figuras femeninas rodean la torre del pedalero: la joven de la izquierda, cuya frente está adornada con un corazón, lleva un cáliz y un pájaro y está de pie sobre un ancla. Representa la fe, la esperanza y el amor. A la derecha, una anciana con velo sostiene frente a ella un incensario que llama a la oración. Un *putto* sostiene un libro abierto que representa la ley divina. La mujer que canta a la izquierda y la que toca la viola de gamba a la derecha, atributo de la Armonía, representan ambas la elocuencia y la elevación a través de la música.

Jan Pieterszoon Sweelinck se hizo organista a los 15 años en la iglesia de San Nicolás, y en 1580 obtuvo el mismo puesto en la Oude Kerk, a pesar de la decisión en 1578 de dejar de tocar el órgano durante los servicios religiosos protestantes. Conocido más allá de las fronteras de su país, se le conocía como el fabricante de organistas de Hamburgo, ya que enseñó este arte a todos los organistas de la ciudad. Lo enterraron el 20 de octubre de 1621, al son de la gran campana de la Oude Kerk. Hay una placa en su memoria en el número 15 de la Koestraat, donde vivió durante muchos años.

Luis Bonaparte, primer rey de Holanda, otorgó a los municipios la propiedad de los campanarios del reino y, por tanto, la responsabilidad de su mantenimiento. Esto último era crucial ya que las campanas no solo marcaban el ritmo del día anunciando las horas, sino que también avisaban a los habitantes de peligros, como un incendio, un asalto o cualquier otro desastre que afectara a la ciudad.

LA SALA DE LAS CAJAS FUERTES DE LA BOLSA DE BERLAGE ⑬

Una cámara acorazada de principios del siglo XX

Damrak 277
Visita guiada previa reserva ante la bolsa de Berlage: 020 620 81 12

En los sótanos de la Bolsa, justo debajo del actual Café de la Bolsa, ubicado en la antigua entrada principal y vestíbulo del edificio, hay una sorprendente sala con cajas fuertes.

Estas cajas fueron construidas en 1902 por la sociedad Lips en Dordrecht, empresa especializada en cerrajería entre 1871 y 1998 que aún hoy sigue estando relacionada con la alta calidad. Dicho nombre aparece en el interior de las puertas de las cajas individuales, escrito con una caligrafía Art Decó.

En la época, las cajas eran alquiladas por particulares deseosos de tener a buen recaudo sus papeles y efectos personales. Se entra a esta sala cruzando una puerta doble muy gruesa, de dos toneladas de peso y de la que podrá observar los mecanismos de cierre en latón y la decoración en orfebrería fina. El conjunto fue restaurado en 2001 y se puede visitar contratando una visita guiada o durante las exposiciones que se organizan. También es posible visitar en París la espectacular cámara acorazada de la sede central de la Société Général (ver la guía de la misma editorial, *París insólita y secreta*).

EN LOS ALREDEDORES

Los cuadrantes solares de la Nieuwe Kerk (14)

Sobre el hastial de la Nieuwe Kerk (Iglesia Nueva), del lado del Dam, hay un reloj solar que, hasta 1880, servía de referencia para poner en hora todos los relojes de la ciudad.

LOS CUADROS SIMBOLISTAS DEL CAFÉ DE LA BOLSA DE BERLAGE ⑮

El Pasado, El Presente *y* El Futuro

Beurs van Berlage Café
Damrak 277
020 530 41 41

El Café de la Bolsa de Berlage es muy conocido por los ámsterdameses y los turistas. Atesora maravillosas cerámicas de Jan Toorop cuyo interesante significado es, sin embargo, poco conocido. Nacido en Java en 1858, Jan Toorop fue uno de los pintores más importantes del movimiento simbolista de los Países Bajos. Los mosaicos del antiguo vestíbulo de la Bolsa de Berlage, donde en la actualidad se encuentra el café, datan de 1903 y son un interesante ejemplo de este arte políticamente orientado.

Los tres cuadros, realizados por la Real Fábrica de Porcelana Roozenburg de La Haya, representan de una manera idealista la emancipación de la mujer y el progreso de los trabajadores.

Titulados *El Pasado*, *El Presente* y *El Futuro*, escenifican sucesivamente la esclavitud ya abolida, el trabajo de hoy en día sometido a la presión del tiempo y una visión utópica del mundo que mezcla elementos iconográficos de la edad de oro con un tema bíblico así como símbolos anarquistas. Para Toorop, al igual que para el pintor Paul Signac o el escritor William Morris, la edad de oro no debe buscarse en el pasado sino en el futuro que queda aún por definir y construir.

Jan Toorop, de origen anarquista, se estaba convirtiendo al catolicismo cuando realizó estos mosaicos. La representación de Cristo y de la buena samaritana alrededor del pozo es, de este modo, una ilustración católica de un futuro posible para todos, cualquiera que sea nuestra condición. Berlage y Toorop representaban una izquierda liberal que no llamaba a la revolución.

Sin embargo, estos cuadros, que creaban cierta tensión entre los ideales socialistas y las funciones capitalistas de la Bolsa, fueron malinterpretados: durante la reforma en 1906 los mercaderes pidieron, en vano, que los cuadros fueran retirados.

RÓTULO DE PIEDRA DE SAN NICOLÁS

⑯

La representación de una triple resurrección

Dam 2

En la plaza del Dam, un hermoso rótulo de piedra representa a San Nicolás bendiciendo a tres niños desnudos que parecen salir de una tina de madera. Para comprender el significado de esta insólita escena, hay que saber que, antaño, la plaza albergaba un mercado de San Nicolás, personaje al que las leyendas atribuyen varios milagros, entre ellos –según una de las versiones de la historia– la resurrección de tres jóvenes ricos.

Se cuenta que, durante una peregrinación, los jóvenes se detuvieron en una posada cuyo dueño, tras robarles, los mató, descuartizó y puso en salmuero. Siete años después de este triple asesinato, cuando supuestamente San Nicolás pidió de comer en la misma posada, habría reconocido, en el plato que le sirvieron, los restos de los tres jóvenes peregrinos asesinados y los habría resucitado...

Sin embargo, esta versión popular de la leyenda se basa en fuentes más antiguas y menos novelescas: tres oficiales del emperador Constantino I (nacido hacia 275, fallecido en 337), a su regreso de una misión en Frigia, fueron acusados de conspirar contra la vida del soberano. Los condenaron a muerte y se salvaron gracias a que San Nicolás se les apareció en sueños al emperador y a su prefecto. En estos sueños, ordenó que los prisioneros injustamente acusados fueran liberados sin demora. Más tarde, Constantino proclamó su inocencia y envió a los tres oficiales a Mira con regalos y una carta rogando a Nicolás que los perdonara.

Para explicar esta deformación popular de los hechos, conviene recordar que, según los cánones del arte bizantino, los santos son representados más altos que los demás hombres. Para los interesados en esta leyenda, los tres oficiales eran niños víctimas de un carnicero que los habría descuartizado y salado. Por extensión, la torre de la prisión fue vista como un «saladero» donde se almacenaba carne humana que luego se vendía a los posaderos sin miramiento alguno.

Por último, la piedra que ilustra este milagro puede verse en la fachada de un edificio del siglo XVII. Sin embargo, es probable que originalmente adornara otra casa, llamada *Saint-Nicolas*, cuya existencia está documentada desde 1564.

No te pierdas en el Rijksmuseum el famoso cuadro de Jan Steen sobre la fiesta de San Nicolás. En la mesa del primer plano, a la derecha, hay monedas de oro que aluden a la leyenda de San Nicolás como protector de las jóvenes solteras.

Para más información sobre San Nicolás y sus milagros, consulta la siguiente página doble.

Milagros y patronazgos de San Nicolás

Entre los santos llamados Nicolás, el más famoso es el arzobispo de Mira (Anatolia), que nació hacia el año 260 y murió el 6 de diciembre de 345. Tanto durante su vida como después de su muerte se le atribuyeron muchos milagros y su leyenda ha permanecido viva en la cultura popular.

En primer lugar, cuando Nicolás aún era un bebé, se dice que se irguió y se sostuvo sobre sus piernas durante su bautismo. Más tarde, tras heredar de sus padres una gran fortuna, salvó el honor de una familia sin dinero repartiendo oro entre tres chicas jóvenes a las que su padre había obligado a prostituirse: según la leyenda, esto le permitió casarse con hombres de su misma categoría.

También se dice que la bondad de Nicolás benefició a su ciudad de Mira, amenazada por la hambruna: al enterarse de que había barcos cargados de grano anclados en un puerto cercano, convenció a sus dueños para que descargaran parte de su cargamento a cambio de la promesa de que sus barcos llegarían intactos a buen puerto. Cuando los barcos llegaron a Constantinopla, midieron el grano transportado y comprobaron que la parte que dejaron en Mira se había añadido milagrosamente al cargamento... También se dice que Nicolás salvó a unos marineros durante una tormenta en la costa Licia: se apareció milagrosamente ante ellos, los tranquilizó, tomó el mando del barco y lo guio hasta su destino.

Tras su muerte, se dice que el cuerpo de Nicolás segregó un aceite milagroso que lo salvó de la putrefacción. En 1087, unos marineros de Bari (Italia) se llevaron sus reliquias, que, según la tradición, siguen exudando aceite. La hagiografía menciona muchos otros milagros: se cuenta que San Nicolás se apareció a Santa Brígida de Suecia en el siglo XIV, que liberó a prisioneros retenidos por los musulmanes y que intervino en varias ocasiones para salvar barcos y resucitar a personas que se habían ahogado.

Gracias a sus milagros, San Nicolás se ha convertido en el patrón o protector de varios oficios y categorías sociales: además de los marineros, las chicas jóvenes, los carniceros y los solteros, San Nicolás también es considerado como el protector de los escolares y de los niños. En lo que respecta a estos últimos, cuenta la leyenda que un carnicero fue el responsable de descuartizar a tres jóvenes (ver la página doble anterior). Cuando San Nicolás le perdonó, se convirtió en Zwarte Piet (literalmente «Pedro el Negro», algo similar al Carbonillas de los Reyes Magos), acompañando al santo en su reparto de recompensas –o castigos– cada 5 de diciembre.

Por último, toda Rusia, así como Lorena y casi 150 ciudades, pueblos y universidades decidieron ponerse bajo el patronazgo de San Nicolás. Ámsterdam, ciudad decididamente protestante tras la Alteración, no pudo librarse de la protección del santo, al ser sus milagros tan populares. Sin embargo, para que el nombre del santo no contraviniera los principios calvinistas, se le puso el nombre de *Sinterklaas.*

LA CAPILLA SECRETA DEL PAPAGAYO

⑰

«Un cuarto de hora para Dios»

Iglesia de San Pedro y San Pablo
Papegaai Kapel, Kalverstraat 58
Segunda entrada: Nieuwezijds Voorburgwal 29
020 623 18 89

A pesar de pasar delante de ella miles de veces sin percatarse de que existe, la capilla del Papagayo, con su llamativo eslogan «un cuarto de hora para Dios» merece, sin embargo, una visita.

Denominada oficialmente capilla de San José, fue construida por el padre jesuita Augustus van Teylingen en los jardines de una casa que pertenecía, según cuentan, a un vendedor de pájaros. El rótulo de piedra de la fachada representa un papagayo e indicaba la existencia de una tienda que se encontraba en este lugar.

De hecho, al fondo de la iglesia, en el coro, podrá admirar un cuadro policromo sobre madera de roble que representa un papagayo y que habría sido utilizado como escaparate de calle para señalar la tienda. Ante tanta admiración por este animal, el primer párroco, Willem Willemart, llamó a esta capilla la capilla del Papagayo.

Construida en 1672, tras la Alteración, la capilla es originalmente una capilla católica secreta. Su fachada es muy estrecha, por lo que nadie puede imaginar que su interior alberga un edificio tan amplio.

En 1848, la capilla fue totalmente remodelada por el arquitecto G. Moele en un estilo neogótico. Se añadió una entrada oficial cuya fachada decorada con cerámicas barnizadas es interesante de ver. A partir de esta reforma pasó a llamarse capilla de San Pedro y San Pablo.

Tras la Alteración, las iglesias católicas tenían a menudo un nombre codificado. Podía referirse a un animal como es el caso del papagayo, o de la iglesia de la Paloma – *de duif* – (Prinsengracht 756), o a un suceso como la iglesia del Milagro, o referirse al edificio como por ejemplo, Ons Lieve Heer op Solder (Nuestro Señor en el Desván).

LA CONMEMORACIÓN DEL MILAGRO DE ÁMSTERDAM

⑱

El Milagro de Ámsterdam, origen del escudo de la corona imperial

Kalverstraat 81
Frente a la entrada del Museo Histórico de Ámsterdam

En el número 81 de Kalverstraat, hay una piedra fijada a la pared, en el mismo lugar donde antiguamente se encontraba la Capilla Santa, o Heilige Stede, construida en referencia al Milagro de Ámsterdam.

El 15 de marzo de 1345, un milagro se produjo en la familia Dommer que vivía en la esquina de Wijdekapel. El señor IJsbrand Dommer estaba muy enfermo y había llamado al párroco para recibir los santos sacramentos. Este le dio la comunión por última vez. Poco después IJsbrand vomitó y su esposa echó al fuego lo que había devuelto. A la mañana siguiente, IJsbrand había fallecido y la ostia blanca, seguía intacta en medio de las llamas, milagrosamente inalterada.

En ese mismo lugar se construyó la Heilige Stede, una capilla que acogió a numerosos peregrinos y se dio el nombre de Santo Camino, o Heiligeweg al camino que conducía a ella desde Floten, un pueblo que ahora se ha convertido en el barrio oeste de Ámsterdam. La calle que se encuentra entre Kalverstraat y Singel ha mantenido ese nombre.

El año 1489 marca una nueva etapa en la historia del milagro. La hija de Maximiliano de Austria estaba muy enferma. A la muerte de su mujer en 1482, Maximiliano fue el regente de su hijo Felipe el Hermoso quien había heredado los Países Bajos. En un último intento por curar a su hija, Maximiliano la trajo a Ámsterdam, a la capilla del Milagro. La joven se curó y el emperador, como agradecimiento, autorizó a la ciudad de Ámsterdam a poner la corona imperial en su escudo.

Sin embargo hay otra interpretación para esta protección. Algunos cuentan que la corona imperial fue concedida en agradecimiento a los holandeses por el dinero que prestaron a la casa de los Austria.

Cada año, un día de marzo al alba, se celebra una procesión en conmemoración al Milagro de Ámsterdam.

Desde 1598, cada año, un día de marzo, al alba, se celebra una procesión en silencio en conmemoración del Milagro de Ámsterdam. Miles de peregrinos de todas las confesiones participan en esta procesión que empieza y acaba en el rótulo del número 81.

LA TUMBA DE CORNELIA ARENTS ⑲

Enterrada en la alcantarilla

Al lado de la iglesia inglesa de Beguinage
Entrada Spuistraat o Gedempte Begijnensloot
Por favor respete la tranquilidad de este lugar privado

En este pequeño rincón del Beguinage, uno pasa al lado de esta tumba en el suelo, sin percatarse de su existencia. Sin embargo, es un bello ejemplo de la cohabitación, a veces difícil, de las religiones católicas y protestantes.

Desde 1150, vive en el Beguinage, o Begijnhof, una hermandad de mujeres solteras católicas y piadosas. La iglesia que se encuentra en el centro es una de las más antiguas de Ámsterdam, pero ya no es católica: en 1578, durante la Alteración, las beguinas tuvieron que cederla a la iglesia anglicana (iglesia reformada de Inglaterra). Estas mujeres se refugiaron en las casas de los números 29-31, transformadas en iglesia secreta. Aún en la actualidad, esta iglesia tiene un oficio católico, incluso una misa en francés.

Entre la iglesia anglicana y el césped, al lado de la entrada de Begijnensloot, hay unas piedras en el suelo un poco diferentes a las demás: es la marca de la lápida funeraria de una de las superioras de las beguinas, Cornelia Arents, que murió el 2 de mayo de 1654, tal y como indica la placa fijada en el murete.

Esta mujer profundamente católica rechazaba la conversión de su familia al protestantismo y prefería «yacer en el arroyo» antes que en la iglesia anglicana.

En 1655, sus deseos fueron complacidos y sus restos mortales fueron trasladados fuera de la iglesia.

Todos los años, el 2 de mayo, se rinde homenaje a esta mujer de principios, plantando violetas en su tumba.

ABRAHAM

Un paseo en busca de los rótulos de piedra de la Biblia

En la Edad Media hubo hasta 20 monasterios en Ámsterdam. En la actualidad, se puede iniciar en el Beguinage un interesante recorrido en busca de los rótulos de piedra relacionados con la Biblia.

En el muro de la izquierda, al entrar por Spui, luce una hermosa serie de rótulos de piedra que fueron unificados en este lugar en 1961.

Del Antiguo Testamento, reconocerán de arriba a abajo y de izquierda a derecha: la puerta de Jacob, Elías alimentado por los cuervos (Reyes 17:4-6) que data de 1601, el sacrificio de Abraham (Génesis 22: 10-13), Daniel y sus compañeros echados a un horno (Dan. 3:25).

Del Nuevo Testamento, un Jesús salvador (*In de Salvaete*) y una alegoría de la Fe (*Het Geloof*), la huída a Egipto (Mat. 2:12-15) y los discípulos de Emaús (Lc. 24:15-35). En el número 19 del Beguinage apreciará un rótulo de piedra monocromo sobre la huida a Egipto.

En dirección al Dam, se podrá detener delante de Moisés separando las aguas (Nieuwezijds Voorburgwal 117), de otra huida a Egipto (Nieuwezijds Voorburgwal 29) y de Elías alimentado por los cuervos (Dirk van Hasseltsteeg 51).

Un poco más lejos, en la Oudekerksplein, justo detrás de la Oude Kerk (Iglesia Vieja), hay un rótulo con la Anunciación (Lc.1:26-38) que data de 1571.

También podrá descubrir la adoración del becerro de oro (Éxodo 32:19) en el número 25 de Lange Niezel y el Arca de Noé sobre la pared de Oudezijds Kolk. Si se dirige hacia los grandes canales, en el número 30 de Langestraat, hay un rótulo de piedra que representa a Job.

La inscripción D.I.G. significa «*de Gedulige Iob*» (Job el maldito). Un poco más lejos en el número 22 de Binnen Brouwersstraat se halla la pesca milagrosa.

Deténgase en los números 159-171 de Prinsengracht para admirar la bella Arca de Noé policroma.

Si se dirige hacia el norte del Jordaan, observará al rey David en el número 1 de Vinkenstraat, sin dejar de mirar el hermoso rótulo de piedra de la multiplicación de los panes en el número 13-15 de Binnen Dommersstraat.

LA PUERTA DE LA PRISIÓN SPINHUIS

⑳

Una antigua cárcel para mujeres

Spinhuissteeg 1

Hasta 1578 el convento de Santa Úrsula ocupó el terreno situado entre las callejuelas de Sinhuissteeg y Korte Spinhuissteeg. En 1597, se erigió en dicho lugar la Spinhuis o casa de hilar.

Esta prisión acogía a mujeres, mendigas o prostitutas que habían sido condenadas a hilar la lana y a realizar tareas de costura. A cambio de una pequeña suma de dinero, la gente podía burlarse de ellas observándolas desde los barrotes.

En 1645, el edificio fue reconstruido tras ser pasto de las llamas, atribuyéndose la puerta a Hendrick de Keyser. En el tímpano, encima de la puerta, apreciará un hermoso alto relieve que representa a dos mujeres torturadas.

El texto que lo ilustra es obra del célebre poeta del siglo XVII, Pieter Cornelisz Hooft, quien intenta tranquilizar al transeúnte: «No tema mi venganza, me obligo a ser buena.

Mi mano es severa, pero mi alma es dulce». En la actualidad la Spinhuis alberga la Facultad de Ciencias Sociales y del Comportamiento.

Cuando los ladrones, colgados de una oreja, sólo podían liberarse arrancándosela...

Durante los siglos XVI y XVII los castigos que se imponían a los mendigos, impostores, ladrones y prostitutas eran increíblemente severos y crueles. A los criminales se les encerraba en jaulas giratorias durante un cuarto de hora, a las prostitutas se les exponía a la vindicta pública y a los ladrones, se les colgaba clavándoles una oreja al muro. La única manera de liberarse era arrancándosela. Los latigazos, los marcados con hierro caliente y la amputación de una mano formaban parte de las sanciones más suaves. En cuanto a los mendigos y a los vagabundos, eran sencillamente desterrados de la cuidad. Muchos acababan en la horca que, en aquellos tiempos, se encontraba del otro lado del río IJ, en el actual barrio de Volewijk (ver el plano, abajo a la derecha, pág. 16). El teólogo, sabio y artista Dirk Volkerstz Coornhert (1522-1590) escribió en 1567 un tratado llamado *Boeventucht* o *La disciplina del Truhán*, defendiendo un enfoque diferente de las prisiones. Según este tratado, había que hacer trabajar a los prisioneros en las penitenciarías u obligarles a ejecutar grandes obras como cavar canales o construir diques. Tras su publicación, se construyeron dos prisiones en Ámsterdam enfocadas a la rehabilitación mediante el trabajo: Rasphuis, para presos varones, y Spinhuis, para presas mujeres.

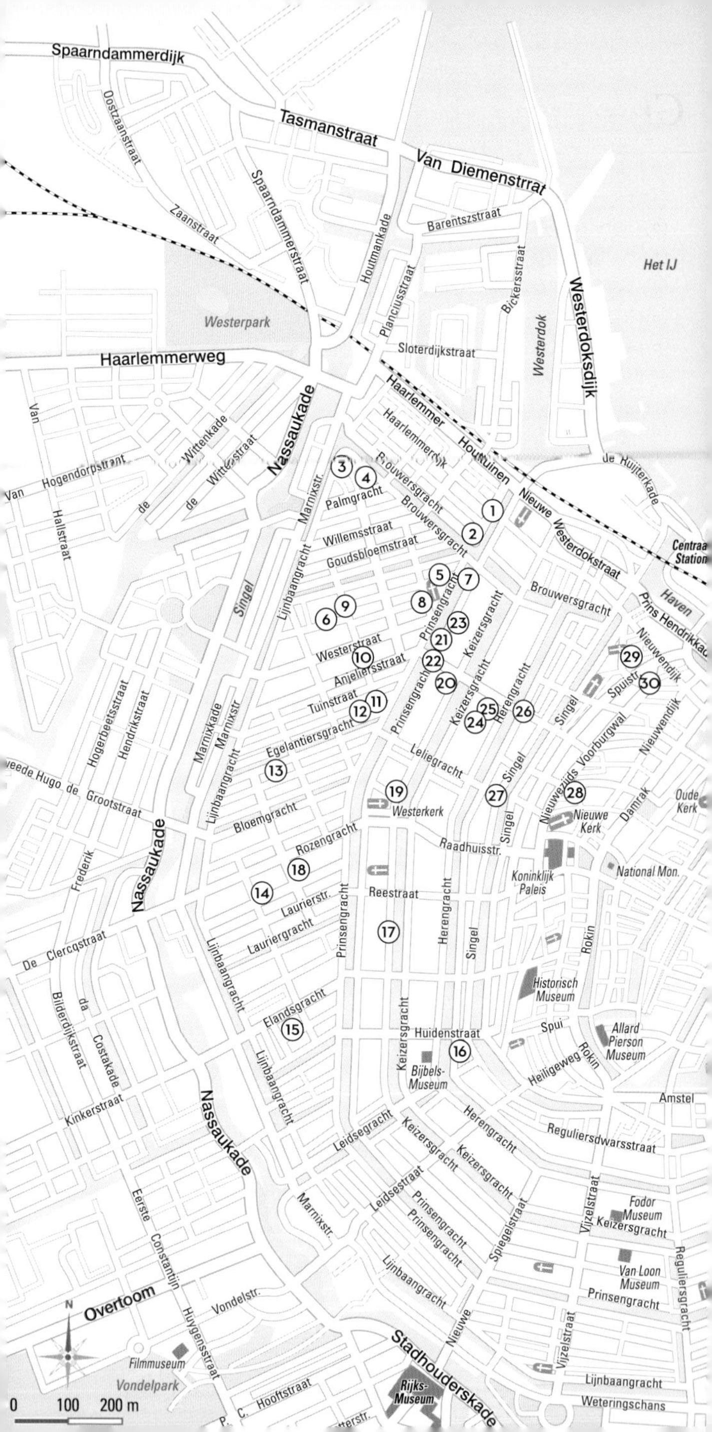
Spaarndammerdijk
Oostzaanstraat
Tasmanstraat
Van Diemenstrrat
Spaarndammerstraat
Zaanstraat
Barentszstraat
Houtmankade
Planciusstraat
Bickersstraat
Het IJ
Westerdoksdijk
Westerpark
Sloterdijkstraat
Westerdok
Haarlemmerweg
Nassaukade
Haarlemmer Houttuinen
Haarlemmerdijk
Van Hogendorpstraat
de Wittenkade
de Wittenstraat
Van Hallstraat
Marnixstr.
Brouwersgracht
Palmgracht
De Ruijterkade
Nieuwe Westerdokstraat
Willemsstraat
Goudsbloemstraat
Centraal Station
Haven
Prins Hendrikkade
Singel
Lijnbaangracht
Prinsengracht
Keizersgracht
Westerstraat
Anjeliersstraat
Nieuwendijk
Spuistr.
Tuinstraat
Egelantiersgracht
Herengracht
Marnixkade
Hogerbeetsstraat
Hendrikstraat
Nieuwezijds Voorburgwal
Leliegracht
Tweede Hugo de Grootstraat
Westerkerk
Nieuwe Kerk
Damrak
Oude Kerk
Bloemgracht
Raadhuisstr.
Rozengracht
Koninklijk Paleis
National Mon.
Frederik
Reestraat
Laurierstr.
Lauriergracht
Rokin
De Clercqstraat
Historisch Museum
Bilderdijkstraat
da Costakade
Elandsgracht
Spui
Allard Pierson Museum
Huidenstraat
Bijbels-Museum
Heiligeweg
Kinkerstraat
Amstel
Leidsegracht
Reguliersdwarsstraat
Leidsestraat
Spiegelstraat
Vijzelstraat
Fodor Museum
Eerste Constantijn Huygensstraat
Van Loon Museum
Reguliersgracht
Overtoom
Vondelstr.
Nieuwe
Stadhouderskade
Filmmuseum
Vondelpark
Rijks-Museum
Lijnbaangracht
Weteringschans
P. C. Hooftstraat
N
0 100 200 m
1 2 3 4 5 6 7 8 9 10 11 12 13 14 15 16 17 18 19 20 21 22 23 24 25 26 27 28 29 30

Grandes canales noroeste, Jordaan

LA PLACA DE VAN HUDDE

①

Un símbolo de la lucha de Ámsterdam contra el agua

Eenhoornsluis, Korte Prinsengracht

Johannes Van Hudde, alcalde de Ámsterdam, fue el primero en interesarse por los problemas que el agua causaba a los amsterdameses: inundaciones y pestilencias. En 1683, desarrolló el cálculo del N.P.A. (ver pág. 120). Concretamente, mandó colocar placas de mármol en las ocho esclusas principales de la ciudad con el objetivo de estudiar el nivel del agua.

Aún existe una hermosa placa en la esclusa de Eenhoornsluis que separa el Korte Prinsengracht del río IJ y que indica con una raya horizontal el nivel del dique, a 2676 metros por encima del nivel del agua de la ciudad: «*Zee dyks hoogte, zynde negen voet vyf duym boven stadtspeyl*» («*Altura del Zeedijk, nueve pies, seis pulgadas por encima del nivel de la ciudad*»).

La placa de mármol blanco mide unos 50 centímetros de ancho y está sobre el muro, al final del batiente de la puerta negra de la esclusa, del lado noreste.

EL ALMACÉN «DE TWEE STOKVISSEN»

②

Una evolución de las piedras de la fachada

Brouwersgracht 162

Encima de la puerta de esta casa, una bella decoración representa dos peces desecados que nos recuerdan que el almacén de la esquina de Korte Prinsengracht y Brouwersgracht se llamaba antiguamente «De Twee Stokvissen» (Los dos peces desecados). Desde el siglo XVII en este edificio se vende pescado, en particular bacalao seco importado de Noruega. Entre 1821 y 1971, la sociedad A. Smit & Zoon vendió aquí pescados desecados, aceite de hígado de bacalao y otros tipos de aceites de pescados.

La decoración de las ventanas fijas sobre la puerta de entrada de las casas data de principios del siglo XVII. Fue en esta época cuando se extendió el modelo de edificación con una entrada dando a un pasillo, que debería ser luminoso. En vez del rótulo de piedra (ver pág. xx), es la decoración de madera o de hierro forjado situada delante del montante de la puerta la que detalla la información sobre la casa. Este elemento arquitectónico tuvo su auge a principios del siglo XVIII.

LA DESTILERÍA DE LA CIGÜEÑA ③

Reserve una degustación privada

De Ooievaar, Driehoekstraat 10
020 626 77 52
Se organizan degustaciones con reserva previa

La destilería de la Cigüeña (*De Ooievaar*), sucursal de la firma van Wees de la La Haya, fue fundada en 1883 en el Jordaan para destilar ginebra, licor y aguardiente. Se organizan degustaciones previa reserva.

Los neerlandeses fueron los primeros en crear excelentes bebidas destiladas a partir de productos agrícolas. En el siglo XVII los destilados neerlandeses, que originaron el coñac, el *cointreau*, la ginebra e incluso el ron (ver pág. 18) eran conocidos en el mundo entero.

Estas bebidas generaban un provechoso comercio hacia numerosos países del mundo entero, de ahí la importancia de las casas que las producían. Al entrar en Driehoekstraat por Palmgracht, la destilería contiene hervideros de cobre, visibles desde la calle. Se sigue destilando licores, unos nuevos muy originales o los grandes clásicos, como la ginebra, muy apreciada por los neerlandeses.

Esta casa puede almacenar hasta 80 000 litros. Un poco más lejos, a la izquierda, en la esquina de Palmgracht, hay un café donde podrá degustar hasta dieciséis variedades de ginebra y unos sesenta licores de todo tipo. Sus nombres, a pesar de ser muy populares, nos recuerdan el pasado: *Los chicos de campo, Las chicas de campo, No me olvides, Felicidad absoluta y Las lágrimas de la novia*.

La casa van Wees tiene su propia tienda de degustación en Herengracht, 139 (abierto de lunes a domingo de 17 a 00 h).

¿Por qué la cigüeña?

Al estar siempre enfocado hacia otros países, era más fácil para el comercio holandés dar a conocer sus marcas utilizando un dibujo que traduciendo complicados textos a todos los idiomas. Y si además se trataba de un animal, el dibujo era aún más fácil de recordar. Originaria de La Haya, van Wees eligió la cigüeña, ya que este animal está representado en el escudo de esa ciudad. Dos rótulos de piedra de la Driehoekstraat indican que, antiguamente, se destilaba ginebra en esta calle: en el número 10 apreciará un tonel y una herramienta de tonelero, y el rótulo de piedra del número 14 representa una destilería.

BOSSCHEHOFJE Y RAEPHOFJE ④

Un testimonio vivo de la convivencia de dos religiones

Palmgracht 28
Propiedad privada casi siempre abierta los días de la semana
Por favor respeten la tranquilidad de este lugar

El Bosschehofje (fundado en 1648 por Arent Dirkz. Bosch, un adinerado mercader de cereales, que lo destinó a las mujeres protestantes reformadas) y el Raephofje son dos *hofjes* contiguos, verdaderos remansos de paz y únicos en pleno corazón de Ámsterdam. Uno es protestante reformado, el otro es menonita. Son un vivo testimonio de la convivencia de las diferentes religiones del país.

Para visitar estos dos *hofjes* (ver pág. siguiente) contiguos, acceda por la puerta situada en Palmgracht. Resulta interesante entrar primero al Raephofje, puerta de la derecha, para cruzar después el patio que lo separa de la puerta de entrada del Bosschehofje.

El gran patio interior estuvo dividido en dos durante casi 300 años, primero por una valla, y luego por un seto de carpe. Esta división nos recuerda que el acercamiento entre las religiones protestantes es muy reciente. Cuando haya cruzado el patio encontrará un camino que le llevará al Bosschehofje, del lado del Palmgracht.

Tras la guerra, estas pequeñas viviendas estaban insalubres: fueron renovadas en 1952-1953.

Hoy, cuatro mujeres siguen viviendo aquí, en dos apartamentos en el piso de arriba y en otros dos en la planta baja. Se han conservado las ventanas tal y como estaban en el siglo XVIII, con montantes de pequeños cristales cuadrados. Hay más de 110 cristales cuadrados.

Al salir del Raephofje, el rótulo de piedra de la puerta, decorado con un hermoso colinabo (*raep* en neerlandés), representa las iniciales y el escudo de Pieter Adriaensz. Raep, el benefactor de este *hofje*.

En la plaza del Dam, junto al hotel Krasnapolsky, se reconoce el pequeño y precioso edificio del siglo XVII por su hermoso hastial estilo Renacimiento. Si mira atentamente observará, sobre la ventana del desván, una piedra esculpida que representa un colinabo (*raep*). Esta casa se llamaba originalmente 's Hertogenbosch, por el nombre de la ciudad de Bois-le-Duc de donde provenía seguramente el primer propietario, que se la vendió a Pieter Adriaensz. Raep. El alquiler de esta casa –doscientos florines al año–, bastaba para asegurar el mantenimiento del Raepenhofje.

¿Que es un hofje?

Los *hofjes* (beguinages) son pequeños patios interiores rodeados por un conjunto de casas, a menudo construidas siguiendo un diseño en forma de U, con un jardín interior y una puerta que permite vigilar las entradas y salidas. Son instituciones financiadas con fondos privados, similares a los conventos y hospicios, que se expandieron considerablemente en el norte de Europa desde el siglo XII. Son sobre todo numerosas en los Países Bajos, especialmente en Leiden, Haarlem y Ámsterdam donde se incrementaron en los siglos XVII y XVIII en beneficio de las mujeres solas, para quienes viudedad rimaba con pobreza. Sin embargo, hubo excepciones como la del Señor Deutz, que creó un *hofje* para su personal jubilado. En el sistema de la República de los Países Bajos, la Iglesia no tenía un papel muy importante: eran las familias adineradas quienes cuidaban de los pobres. Es por ello que a menudo construían un *hofje* en señal de caridad, permitiendo a la vez dejar su nombre para la posteridad. La motivación de ofrecer un *hofje* era aún mayor cuando el matrimonio benefactor no tenía descendencia o no se llevaba bien con su nuera. En ese caso designaba un primo o prima como gerente. En Ámsterdam muchos de los gerentes son descendientes directos de los benefactores. En general, el benefactor de un *hofje* también se ocupaba de su mantenimiento. Hacía una donación en Navidad o con motivo de su santo, regalando turba para la calefacción o queso. A menudo el hofje estaba ligado a la comunidad religiosa del donante. Tras la Alteración de 1578, las religiones católicas y anabaptistas fueron toleradas siempre y cuando practicaran su culto en secreto, razón por la que se construyeron capillas en los hofjes. Vivir en un *hofje* implicaba someterse a numerosas reglas: a menudo los gerentes imponían una conducta irreprochable, como ir a la iglesia, no beber, rezar por ellos... En el beguinage, las beguinas sólo podían recibir a hombres mayores de 5 años, hermanos incluidos, si dejaban la puerta abierta. Lo contrario estaba terminantemente prohibido. A cambio de estas estrictas reglas, los habitantes se alojaban a menudo gratuitamente y muchas veces recibían una ayuda financiera para cubrir sus necesidades, o un donativo en especie. Por falta de recursos económicos, las organizaciones religiosas han adquirido la mayoría de los hofjes. Los gerentes están presentes y se esfuerzan por asegurar su perennidad. En los últimos 25 años, numerosos *hofjes* han sido restaurados y modernizados con el objetivo de asegurar un nivel de confort e higiene propios de la vida moderna. Las puertas de los *hofjes* están abiertas todo el día. No dude en entrar para admirar su belleza, sin dejar de respetar su tranquilidad.

BOCA DE TOMA DE AGUA DE NOORDER MARKT

5

El emplazamiento de un depósito de agua subterráneo olvidado

Noordermarkt

Caminando por Noordermarkt, apenas se ve el bolardo metálico pintado de verde, medio carcomido por el óxido, que parece un cono de prohibido aparcar. Sin embargo, se trata de una antigua boca de riego que revela el emplazamiento de un enorme depósito de agua subterráneo.

Durante mucho tiempo, el abastecimiento de agua dulce de Ámsterdam planteó grandes problemas: cuando el agua potable procedía del río Vecht, había que acumular reservas para hacer frente a los periodos de frío extremo, cuando el río se helaba. Obviamente, los depósitos de agua de lluvia de algunas casas no podían cubrir todas las necesidades de la ciudad.

Así que, en 1789, el ayuntamiento decidió crear bodegas de agua (*waterkelders*). Estos grandes depósitos subterráneos, generalmente formados por varios compartimentos interconectados, estaban sellados con gruesos muros de ladrillo para evitar fugas e infiltraciones. En la superficie, pozos de acceso cerrados con losas de piedra o bocas de toma de agua metálicas permitían extraer el agua.

Este sistema, construido entre 1790 y 1824, comprendía 33 depósitos repartidos por toda la ciudad, algunos de los cuales podían contener hasta 200 m^3 de agua potable. La mayoría de estos depósitos estaban arrendados a organizaciones privadas que gestionaban el abastecimiento de agua dulce de Ámsterdam. Estas se comprometían a llenarlos todos los años antes del 1 de noviembre con agua del río. La ciudad contrataba entonces catadores para comprobar la calidad del agua.

A partir de la segunda mitad del siglo XIX, la red de abastecimiento de agua de las dunas sustituyó al uso de estos depósitos, cuya existencia quedó en el olvido. Y hasta que no se realizaron obras en los cimientos de las casas no encontraron vestigios de algunas de estas instalaciones subterráneas: en 1972 se descubrieron bajo la Weesperplein dos depósitos de entre 100 y 200 m^3, que databan de 1794 y 1806. Se desenterraron otros en los números 24 y 92 del Nieuwe Keizersgracht, y en el número 58 del Hoogtekadijk.

En el invernadero del Jardín Botánico también hay depósitos subterráneos de agua. Sin embargo, el agua contenida en estos nueve depósitos solo se usa para regar.

EL RÓTULO DE PIEDRA DEL NAVÍO

⑥

La historia del sello de la ciudad

Karthuizerhof
Karthuizersstraat 21-131
Entrada a la altura del n° 89

Cuenta la leyenda que hacia 1150, durante una tormenta en la Zuiderzee, dos hombres y un perro se hallaban perdidos en un barco a la deriva. Desesperado, uno de los hombres prometió, si se salvaba, que fundaría una ciudad ahí donde su perro le llevara. Llegaron a la desembocadura del río Amstel y construyeron una presa (*dam*). Se habían colocado los cimientos de la ciudad de Ámsterdam.

Un siglo más tarde, en 1275, Guy van Henegouwen, obispo de Utrecht, otorgó a Ámsterdam el estatus de ciudad. Ésta eligió como sello un navío de la Edad Media que se hallaba en los escudos de los puertos de Harderwijk, Stavoren y Medemblik. En la popa, había un león, escudo de la familia Henegouwen, señal de que la ciudad de Ámsterdam se había desarrollado sobre las tierras de esta familia. En el navío hay dos hombres: uno enarbola una bandera con el escudo de Ámsterdam y las tres cruces de San Andrés y el otro lleva una espada y un escudo con las armas de la familia Henegouwen representado por cuatro leones. En el centro, el perro.

EN LOS ALREDEDORES

El rótulo de piedra «Nunca más» ⑦

En el número 9 del canal de Prinsengracht un rótulo de piedra reza «*Nooit weer*» (*Nunca más*). Data de 1976 y fue un regalo del empresario que ejecutó las obras de restauración de la casa al propietario, en recuerdo de una obra particularmente complicada.

Los límites del antiguo cementerio del norte ⑧

Noordermarkt 48

Delante de la iglesia del Norte (Noorderkerk) hay un espacio marcado en el suelo. Los niños del barrio lo utilizan como límite de su terreno de juego. De hecho, se trata de los límites del antiguo cementerio de la iglesia.

> Todos los cementerios han desaparecido del centro de Ámsterdam. Por falta de espacio, se han eliminado todos los ornamentos de las tumbas y se ha utilizado el espacio como lugar público. Sin embargo, queda terminantemente prohibido construir.

EL *HOFJE* DE KARTHUIZER

9

El hofje *más grande del Jordaan*

Karthuizersstraat 21-131
Entrada a la altura del nº 89

El Karthuizerhof (*hofje* des los Cartujos) ya no tiene nada que ver con el convento de las Cartujas. Este último fue fundado en 1394 en las afueras de la ciudad medieval, a la altura de la actual Goudsbloemstraat. Saqueado y destruido en 1572, acabó en ruinas.

Al entrar en el *hofje*, observe el nombre de las familias Keizerrijk, Boogert, Peereboom, Vijfvliegen y Opmeer en Vegters. En efecto, en aquella época, los *hofjes* estaban financiados por una familia o por la organización de los Huiszitten-meesters, que hacía las veces de asistencia pública municipal y estaba financiada por donaciones privadas.

Se decidió construir el *hofje* de los Cartujos tras vender una seria de casas que habían sido donadas a la organización y recordadas inscribiendo sus nombres en el edificio.

Encima de ambas puertas del *hofje*, a la derecha, se aprecian las tres cruces de San Andrés (escudo de la ciudad de Ámsterdam – ver pág. 17), que simbolizan el compromiso de la ciudad. Enfrente hay un rótulo de piedra con dos hombres y un perro (ver pág. xxx).

El diseño es obra del arquitecto de la ciudad Daniel Stalpaert: en 1651 las puertas de la Huiszitten-weduwehof (casa para viudas) abrieron para acoger a 110 mujeres, algunas acompañadas de sus hijos. El *hofje* se construyó alrededor de dos parterres, utilizados para blanquear la ropa, y dos grandes bombas.

El agua sale por los grifos de cobre con forma de delfín, símbolo utilizado a menudo para el agua viva. En las esquinas del *hofje*, unas puertas ocultan los antiguos «secretos», apelativo neerlandés para los aseos.

Los rellanos, detrás de las puertas, son tan pequeños que se han colocado bisagras centrales en las puertas para permitir el acceso. Al salir del *hofje*, del lado de la calle, apreciará unos tendederos que datan de la época de la construcción.

En los años 1970, los ancianos abandonaron estas precarias viviendas y entraron a vivir arrendatarios muy diversos. En 1986, la Woningbedrijf Amsterdam (organismo público para la vivienda) restauró el *hofje*.

Los desvanes donde se guardaba la turba se transformaron en viviendas de dos o tres habitaciones.

Hay una gran aéra de juegos enfrente del Karthuizerhof, donde antaño se encontraba el cementerio del claustro.

EL MUSEO DEL ÓRGANO DE BARBARIA G. PERLEE

⑩

El testigo de una época pasada

Westerstraat 119
020 624 93 10
Visita previa petición

Escondido en un gran almacén del Jordaan, el taller de la familia Gijs Perlee fabrica, conserva y restaura órganos de Barbaria desde hace cinco generaciones.

La empresa familiar fue creada en 1932 por León Warnies y Gijs Perlee bajo el nombre de Perlee. Los descendientes de ambas familias, siguen trabajando aquí, componiendo música en nuevas tarjetas de cartón perforadas. Son los únicos que dominan este arte en los Países Bajos, y sus instrumentos se exportan en el mundo entero. A diferencia de un órgano clásico, el órgano de Barbaria reproduce música de forma automática.

Originalmente, como en las pequeñas cajas de música, el organista accionaba una gran rueda que hacía girar el cilindro. En 1892, aparecieron las tarjetas perforadas de cartón, que se doblan sobre sí mismas en zigzag. Al ser más fáciles de guardar, también permitían tocar fragmentos de música más largos. La música para órgano de Barbaria conoció su apogeo en los años 1920, con compositores como el holandés Piet Maas y el alemán Carl Frei.

Con la crisis de los años 1930, los encargos disminuyeron y tras la guerra sólo Gijs Perlee hijo siguió componiendo nuevas partituras para órganos de Barbaria. Aunque este órgano nació en Italia, los Países Bajos han desarrollado una larga tradición en torno a este instrumento: en los años 1920 una treintena de órganos sonaban por las calles de Ámsterdam reproduciendo melodías y operetas populares que invitaban a bailar a la gente.

En la parte delantera del órgano, unas marionetas se movían automáticamente al ritmo del tambor o platillo, para el asombro de los más pequeños. En agradecimiento por su música, el organista recibía unas cuantas monedas, las cuales eran envueltas en papel cuando eran lanzadas desde las plantas de los edificios.

Tras la Liberación, el gramófono y la radio, que permitían tener su propia música en casa, así como la aparición del jukebox americano, marcaron el final de la presencia del órgano en las calles.

Es posible tocar un órgano de Barbaria durante un día, con un organista.

La diferencia entre órgano de Barbaria y pianola

El órgano de Barbaria es una gran caja dotada de una manivela y de un espacio que «se traga» el papel perforado. La pianola es un piano verdadero con un pequeño espacio que «se traga» el papel perforado. Como un piano pero con un pianista invisible.

ANSLO O CLAES CLAESZ. *HOFJE* ⑪

Dos nombres para dos épocas

Eerste Egelantiersdwarsstraat 1-5
Accesible por la puerta de la derecha del restaurante vecino
Por favor respeten la tranquilidad de este lugar

El *hofje* Anslo es de los *hofjes* más antiguos de Ámsterdam y debe su conservación y ampliación a unos particulares enamorados de los monumentos históricos. Es un hermoso ejemplo de esos remansos de paz, financiados por personas que hicieron fortuna en el siglo XVII, que han conseguido sobrevivir al paso de los siglos. Entrando por la puerta, a la derecha del restaurante, se llega a lo que fue, en su origen, el *hofje* Anslo. Observará sobre la puerta de entrada un rótulo de piedra que representa el escudo de la familia y la inscripción «*Anslo's Hofje*». En 1615, el adinerado pañero anabaptista Claes Claeszoon Anslo y su mujer Geert Jans decidieron construir un hofjes. Se componía de tres casas situadas detrás de un pequeño jardín y alojaba gratuitamente a ancianos.

A la derecha se encuentra el antiguo *Zwaardvegershofje* (*hofje* de los Acicaladores), lazo de unión con los fabricantes de espadas de este barrio. Tenía una entrada que daba a la Tuinstraat, que ya no existe. El conjunto de estos dos hofjes tomó el nombre de Claes Claesz., nombre de la asociación que restauró estos edificios a principios de los años 1970. Permitió la creación de 60 viviendas que fueron usadas primero por los alumnos del conservatorio, y luego por los estudiantes de la academia de Bellas Artes. En el *hofje* Anslo observará también, a la derecha, dos puertas que llevaban a los aseos. Admire la hermosa fuentecilla con una cabeza de león encima de la cual se ha colocado una placa de agradecimiento a Madurodam.

Durante la restauración de 1968, el arquitecto G. Prins descubrió que aún había camas cerradas en las habitaciones. Decidió conservarlas, pero las alargó ya que sólo medían 1,60 metros de largo.

EN LOS ALREDEDORES

El rótulo de piedra de la mano que escribe (12)

En el número de 52 de Egelantiersstraat, observará un hermoso rótulo de piedra llamado «la mano que escribe». Se refería al maestro de escuela, y también escribano público, Hendrick Wient que vivió en este lugar en el siglo XVII.

EL *HOFJE* DE SAN ANDRÉS

(13)

El segundo hofje *más antiguo después del Beguinage*

Sint Andrieshofje - Egelantiersgracht 137-145
Propiedad privada, accesible en horario de apertura al público
Por favor respeten la tranquilidad de este lugar

No es necesario llamar al moderno telefonillo para descubrir este hermoso lugar: basta con empujar la puerta que da acceso al patio cuadrado por un pasillo adornado con delicadas cerámicas. El *hofje* de San Andrés existe gracias al legado de Jeff Gerritsen, un rico comerciante de ganado, católico y soltero. En 1614, su ejecutor testamentario y sobrino Jan Jacobsz. Oly compró un terreno en el Eglantiersgracht para construir un *hofje* (ver pág. xxx). Quedó terminado en 1617, lo que lo convierte en uno de los *hofjes* más antiguos de Ámsterdam.

Se le dio el nombre de San Andrés, nombre de la casa donde vivía Jan Jacobsz. Oly. Desde 1699 el Beguinage gestiona el *hofje* de San Andrés, cumpliendo así con la voluntad de la última descendiente de la familia, Anna de Magistris, que acabó sus días en el Beguinage y estipuló que a su muerte, el *hofje* sería entregado a esta institución.

El *hofje* ha cambiado mucho en tres siglos: a principios del siglo XX se decoró la entrada con hermosas cerámicas y en los años 1970, una gran reforma transformó 36 pequeñas habitaciones en 22 viviendas con todo el confort moderno, siempre destinadas a mujeres solas de entre 30 y 70 años de edad.

Sin embargo, las obras no han borrado todas las huellas del tiempo: a la derecha observará la sorprendente forma de las puertas lo que permite calibrar la inclinación que tomó el edificio a lo largo de los siglos.

El rótulo de piedra del salvador

Dentro del *hofje* de San Andrés, a la izquierda, hay un hermoso rótulo de piedra que antaño indicaba la entrada del *hofje* y que representa un Cristo Redentor. Como el *hofje* fue construido tras la Alteración, el rótulo no podía representar a San Andrés, ya que los protestantes no veneraban a los santos. Asimismo, en 1623 se construyó la capilla dentro del *hofje* para permitir a estas mujeres católicas practicar su culto en secreto. El rótulo está inspirado en un grabado de Karel van Mander quien, en 1592, realizó catorce grabados sobre temas religiosos. En 1604, también escribió un libro sobre teoría de la pintura que le dio mucha fama. En el Beguinage, a la derecha de la casa de madera, observará otro hermoso rótulo de piedra que trata del Cristo Redentor.

EL RÓTULO DE PIEDRA «W.I.C. BAYA D TODOS OS SANCTOS» (14)

Un recuerdo de las hazañas de la W.I.C.

Rozenstraat 144

En mayo de 1624 el almirante Jacob Willekes, una mando de la flota de la W.I.C. (ver a continuación), atracó en la bahía de San Salvador, costa este de Brasil. Aunque la población mostró resistencia, la ciudad fue rápidamente conquistada y los habitantes huyeron del invasor. El relato de esta heroica aventura tuvo gran repercusión en Ámsterdam, donde el editor Claes Jansz. Vissche publicó sin esperar un libro ilustrado. El tallador de piedra creó este rótulo inspirándose en el grabado que ilustraba esta publicación. Se aprecian los buques de la flota de la W.I.C. entrando en la bahía, bajo el fuego de los cañones.

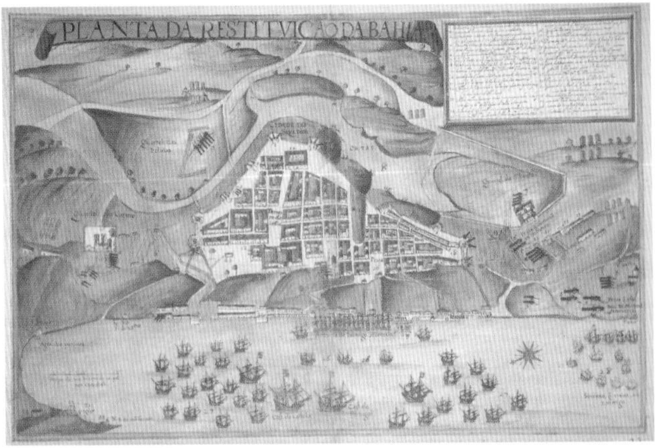

La West-Indische Compagnie (W.I.C.)

Fundada en 1621 siguiendo el modelo de la V.O.C. (ver pág. 20), esta compañía tenía sedes en 5 grandes ciudades de los Países Bajos y se repartían el armamento de los navíos de la expedición de la siguiente forma: Ámsterdam 4/9, Midelburgo 2/9, Hoorn, Róterdam y Groninga 1/9 cada una. Esta sociedad anónima se componía de un total de 74 miembros, de los cuales 19 se reunían todos los días en Consejo de Administración llamado *De Heren XIX* (Los XIX caballeros). La W.I.C. tenía el monopolio de las Indias Occidentales: costa oeste de África, América e islas del Caribe. Desarrolló un comercio triangular transportando cargamentos a África donde embarcaba esclavos que eran llevados a América y desde donde regresaba cargada de azúcar, tabaco y oro. De los personajes más famosos de la W.I.C. cabe destacar a Piet Heyn, almirante de la marina y personaje legendario que se apoderó de numerosos botines de los españoles, en particular en la costa cubana. Tras la paz de Westfalia de 1648, que selló la reconciliación entre los holandeses y los españoles, la actividad pirata cesó. Entre Peperstraat y 's Gravenhekje, en la esquina de Prins Hendrikkade, se halla el antiguo almacén de la W.I.C. Construido en 1641, fue testigo de las reuniones de la W.I.C. a partir de 1657, año en que, víctima de problemas económicos, la sociedad tuvo que abandonar el edificio de Herenmarkt.

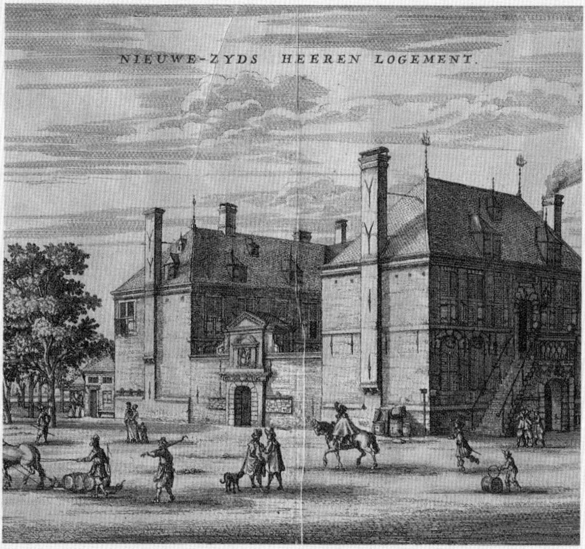

LOS RÓTULOS DE PIEDRA DEL LADRÓN

(15)

¿Pero dónde está escondido el tesoro de Sjako?

Elandsgracht 73

El 15 de octubre de 1999 se inauguraron dos rótulos de piedra en el edificio situado en Elandsgracht, 73. Es un homenaje al bandido y ladrón amsterdamés, de origen alemán, Jacob Frederik Muller, que vivió en el siglo XVIII y era conocido como Sjako o Jaco. En 1714, con sólo 25 años, cayó en manos de la justicia y fue condenado a 25 años de prisión.

Para evitar que escapara le obligaron a llevar una especie de peto de madera, que mantenía su mano izquierda aprisionada. Sin embargo, logró escapar y se refugió en los antiguos almacenes de Elandsgracht, que pasaron a llamarse «el fuerte de Sjako». En 1718, fue detenido de nuevo y decapitado en el patíbulo de la plaza de Nieuwmarkt. El primer rótulo de piedra representa el fuerte y el segundo, al propio Sjako.

Estos dibujos están inspirados en una pintura que se encuentra en el Museo Histórico de Ámsterdam, aunque no ha quedado demostrado que Sjako haya vivido realmente en este lugar.

Sjako era un personaje muy apreciado por los neerlandeses: al igual que Robin Hood, robaba a los ricos para dárselo a los pobres. Numerosos escritores neerlandeses han reinterpretado esta leyenda.

CASA GISÈLE

⑯

«Un refugio increíble para las víctimas del terror nazi»

Herengracht 401
Entrada por el lado de Beulingstraat
020-6235287
mail@401.org
Visita guiada previa solicitud

«Un refugio increíble para las víctimas del terror nazi» («*Ze bood onbaatzuchtig onderdak aan vervolgden van de naziterreur*») es la inscripción que reza en una placa de cobre situada en la fachada de la casa del Herengracht 401. Durante la Segunda Guerra Mundial, esta casa albergó un escondite muy original dentro de una especie de piano.

Poco antes de la guerra, la artista Gisèle van Waterschoot van der Gracht (1912-2013) había alquilado un pequeño piso en la tercera planta. Cuando estalló la guerra, acogió primero al poeta alemán Wolfgang Frommel (1902-1986) y más tarde a Friedrich W. Buri, un profesor y escritor judío de 23 años, y a Claus Bock, otro judío alemán de apenas 17 años.

Uno de los refugios donde se escondían estos judíos era una pianola, un gran instrumento con las funciones de un piano, pero también un sistema neumático que permitía tocar piezas grabadas en bobinas de papel con agujeros, como un organillo. Para crear este escondite, los propietarios quitaron el sistema de la pianola, dejando un espacio hueco detrás de la persiana. Los vecinos de Gisèle, la pareja formada por Miep y Guido Theunissen, también ayudaron a esconder a los refugiados.

Fundaron un círculo de arte y literatura. Llamaron a su refugio Castrum Peregrini (Fortaleza de los peregrinos). Gracias en gran parte a Gisèle, amante del arte, pudieron sobrevivir a la guerra. Por ello fue galardonada con el premio Yad Vashem en 1998.

A principios de los años 50, Gisèle compró toda la casa y la donó a la fundación del mismo nombre. Se casó con el exalcalde Arnold d'Ailly (1902-1967) en 1959 y vivió en el edificio hasta su muerte.

Hoy se puede visitar el lugar: la sociedad artística Castrum Peregrini organiza en él exposiciones, conferencias y debates. También se puede visitar la propia casa, para conocer las distintas etapas de su historia y sus vínculos con la sociedad actual, el Intellectual Playground, un laboratorio de ideas que reúne a filósofos, politólogos y escritores del mundo entero.

LA CASA DE LA CADENA DE ORO ⑰

Una pequeña cadena llena de significado

Keizersgracht 268

La fachada del número 268 del canal de Keizersgracht (Emperador) está adornada con una cadena dorada. Una primera versión cuenta que la señora de la casa, al no encontrar su cadena de oro, acusó a la sirvienta del robo. Poco tiempo después halló la cadena y, al darse cuenta de que había acusado sin razón a su sirvienta, decidió colgar la cadena delante de la casa para exculparla públicamente. Según una segunda versión, una sirvienta, estando sola en la casa una noche, habría desenmascarado a un ladrón disfrazado de vieja por su barba mal afeitada. No se dejó vencer por el miedo y la joven mató al ladrón. En agradecimiento, el propietario regaló a la valiente mujer una cadena de oro pero esta menospreció la recompensa.

La sirvienta molesta habría sido despedida y el propietario habría colgado la cadena en la puerta para mostrar a todos la ingratitud de la que había sido víctima. La tercera versión, seguramente la real, remonta a 1620 y cuenta que el propietario de la casa y mercader Eliseus Harrel habría mandado traer todos sus bienes desde Aix-la-Chapelle. El convoy, que estaba precintado con una cadena de oro, habría llegado a su destino sin incidencias y el propietario habría mandado dorar esta cadena y la habría utilizado para decorar la fachada de su casa. En 1999, durante las obras de reforma, la casa se derrumbó y se reconstruyó otra idéntica. La cadena de oro sigue decorando la fachada y guardando todo su misterio.

EN LOS ALREDEDORES

El rótulo de piedra del latonero (18)

Eerste Rozendwarsstraat 13

Este hermoso rótulo de piedra muestra un candelabro con una doble corona de velas y la mención «*De kerk kroon*», o «*la corona de la iglesia*». Este rótulo señalaba la casa del latonero Jan Engeringh que trabajaba el cobre para fabricar candelabros para las iglesias. La casa data de 1725 y el rótulo fue restaurado en el 2000. Se ha vuelto a dorar la doble corona de velas con hojas de oro.

LAS FAROLAS CON CORONA

(19)

Un vestigio del alumbrado por gas de la ciudad

Las farolas originales se encuentran en el Dam
Copias en las plazas de Westermarkt, Herenmarkt, Falckstraat y en el Prinsengracht a la altura de Leidsegracht

Los Países Bajos deben su alumbrado callejero a Jan van der Heyden, cuyo invento fue ganando terreno rápidamente: a lo largo del siglo XVII se instalaron 1800 farolas en Ámsterdam.

Las primeras farolas de calle se componían de un poste de roble de tres metros de altura, equipado con un farolillo de cobre de unos 60 cm, con cuatro ventanitas de vidrio, de las cuales una podía abrirse para facilitar la limpieza y el alumbrado.

Al principio se quemaba una mezcla hecha de remolacha y aceite de lino. En 1780, Jan Pieter Minckelers descubrió el alumbrado por gas pero no fue hasta 1820 cuando se pudo controlar este combustible altamente inflamable.

La farola con corona montada sobre un poste de cobre con farolillo cuadrado, rematado a su vez con una corona –la de Maximiliano de Austria (ver pág. 67)–, data de 1883. Existen tres ejemplares originales que dan al Dam, frente al palacio. En 1917, casi todas estas farolas desaparecieron al llegar la electrificación del alumbrado público.

Sin embargo, desde 2008, Ámterdam ha colocado progresivamente 1750 farolas con corona alrededor de los grandes canales y del Amstel.

Las tecnologías eléctricas más modernas serán utilizadas para proporcionar una luz blanca con un toque cálido, que nada tienen que ver con los alumbrados anaranjados que se utilizan en la actualidad.

Los inicios del alumbrado urbano

Hasta finales del siglo XVII, quien quisiera dar un paseo nocturno por la ciudad debía contentarse con la luz de la luna. En París, el abad italiano Laudati de Caraffa fue el primero en tener la idea de instalar el alumbrado nocturno: organizó una red de «portafarolillos» en las estaciones para que acompañasen a los viajeros a cambio de unas monedas. El éxito incontestable de esta iniciativa, en cuanto a seguridad, interesó mucho a Luis XIV quien mediante el edicto del 2 de septiembre de 1667 instauró la instalación de farolillos de aceite en París y, progresivamente, en las principales ciudades del reino. En 1766, se sustituyeron por farolas de aceite, y en 1799, de gas, gracias a la técnica desarrollada por Philippe Lebon. En Berlín, se aplicó el invento de Jan van der Heyden desde 1682. Se instalaron 1600 farolas. En Londres el alumbrado urbano tomó forma en 1792 gracias a los descubrimientos del escocés William Murdoch.

LA PIEDRA DE LA FACHADA DEL SOMBRERO ROJO

⑳

Una antigua iglesia secreta de los remonstrantes

De Rode Hoed - Keizersgracht 102
020 638 56 06
info@rodehoed.nl
rodehoed.nl

En el número 104 de Keizersgracht, se puede observar una piedra en la fachada que representa un sombrero rojo, cuya función original sigue siendo incierta. De hecho, aunque probablemente se trate del emblema del sombrerero Hans Janszoon Lenaertszoon, quien mandó construir en 1616 los edificios del 102 al 104 para establecer su taller, también parece que en el número 102 vivió un tal Claes Hermanszoon Roothoet (cuyo apellido significa «sombrero rojo»)... Sin embargo, el nombre de «sombrero rojo» se asocia sobre todo a la iglesia secreta más grande (y más antigua) que se conserva en la actualidad en los Países Bajos: de 1630 a 1957, este lugar de culto estuvo reservado a los remonstrantes (ver más abajo) y, aunque se convirtió en centro cultural en 1990, su entorno permanece en gran medida intacto: en concreto la sala principal alberga un órgano construido por P. Flaes, nacido en Amstellodamm, en 1862, que sustituía al instrumento original. Fue en 1629 cuando el comerciante de vinos Antoni de Lange y el médico Jan van Hartoghvelt compraron estos edificios en nombre de la iglesia de los Remonstrantes, en los que se construyó en 1630 una capilla secreta para poder rezar según sus ritos, en la máxima discreción.

¿Quiénes son los remonstrantes?

En el siglo XVII, Jacob Harmensz., profesor de teología de la Universidad de Leiden, fundó una corriente protestante contraria a la doctrina calvinista de la predestinación. Firmaba sus obras usando su nombre latinizado, Jacobus Arminius, de donde derivó el nombre del grupo: los arminianos. En 1610, los remonstrantes, o arminianos, entregaron a los Estados Generales de las Provincias Unidas una protesta (*Remonstrance* en inglés) solicitando una mayor tolerancia, lo que provocó un enfrentamiento entre remonstrantes y anti-remonstrantes. En 1618 aún se toleraba a los arminianos pero tras el Sínodo de Dordrecht –que formalizó los puntos divergentes– y un cambio de actitud hacia ellos en 1619, los remonstrantes fueron desterrados, pudiendo regresar en 1626. Hoy, los cánones de Dordrecht integran la norma confesional de numerosas iglesias reformadas del mundo.

EL *HOFJE* DEL SOL O *ZONSHOFJE* ㉑

Un hofje *menonita*

Zonshofje
Prinsengracht 159
Propiedad privata, accesible en horario de apertura al público
Por favor respeten la tranquilidad de este lugar

Empuje la puerta de Prinsengracht, 159, recorra el largo pasillo y acceda al *hofje* del Sol o Zonshofje. Originalmente este *hofje* (ver pág. 138) era una iglesia secreta, muy escondida, cuya historia ilustra las trashumancias de la comunidad anabaptista por los Países Bajos.

El nombre de *Zonshofje* proviene de la iglesia menonita De Klein Zon –el pequeño sol–, ubicada aquí en 1650. La corriente menonita es un movimiento cristiano protestante que se desarrolló en Suiza en el siglo XVI. Se expandió luego por el norte de Alemania y Holanda en torno a la figura de Menno Simons. Como pasó con todos los movimientos anabaptistas, los menonitas fueron perseguidos.

Tras la Alteración de 1578, la municipalidad reformada toleró todas las religiones en Holanda, siempre y cuando se practicaran discretamente (ver pág. 15). Durante más de dos siglos, la comunidad menonita se dividió y se unió en numerosas ocasiones, como así lo atestigua el *Zonshofje*.

Durante la primera separación de los menonitas, que remonta a 1663, una de las comunidades se reunía en una antigua cervecería que daba al Singel y que tenía un sol sobre su fachada o zon. Fueron denominados los zonistas. En 1674, durante una nueva división, una comunidad reducida se instaló en este edificio que da al Prinsengracht.

En 1752, otra rama anabaptista frisona, denominada Arca de Noé (ver más abajo), se asoció con los zonistas. Prueba de ello es la placa grabada sobre el dintel de los números 163-165, que representa los animales entrando por parejas en el Arca bajo un protector rayo de sol. Esta antigua iglesia fue destruida en 1755 para construir en su lugar un orfanato y un hofje para mujeres ancianas.

EN LOS ALREDEDORES

La placa del Arca de Noé (22)

Prinsengracht 163-165

Sobre el dintel de los números 163-165 del Prinsengracht, una placa grabada y pintada representa animales entrando por parejas en el Arca de Noé, bajo los benévolos rayos de sol. Esta iconografía hace referencia a dos de las comunidades anabaptistas que ocuparon el lugar a mediados del siglo XVIII: los zonnistas (zon en neerlandés significa sol, ver más arriba) y el Arca de Noé. La placa está coronada por el siguiente texto, escrito por Bernardus Bosch (1746-1803): «El amor nos ha construido esta morada, la esperanza sigue siendo nuestro permanente empeño para ver el sol en las almas. Despreocúpate del tiempo y parte así hacia el Arca de la Salvación. 1765».

EL *HOFJE* VAN BRIENEN

(23)

Un hofje *en exvoto*

Van Brienenhofje
Prinsengracht 89-133
Se accede por la entrada derecha del número 133
Propiedad privada, accesible en horario de apertura al público
Por favor respeten la tranquilidad de este lugar

El *hofje* de Van Brienen fue construido en 1804 por el barón van Brienen. Es un lugar sorprendente, no sólo por su majestuosa arquitectura sino también por su divertida historia.

El barón que, de forma absolutamente absurda, se había quedado encerrado en su caja fuerte, empezó a perder la esperanza de que vinieran a socorrerle, por lo que imploró a Dios que le salvara. Prometió que si su ruego era escuchado construiría un *hofje* (ver pág. 138) para parejas católicas necesitadas. Y así sucedió.

En 1797, el barón adquirió la antigua cervecería La estrella y encargó a Abraham van der Hart la construcción de un *hofje*. Si miras el edificio desde la calle, verás la estrella que brilla encima del reloj de la antigua capilla y observarás que se puede ver el muro del recinto de la cervecería. En 1997, durante las obras de renovación, los obreros descubrieron unas barricas en el sótano que contenían agua del Vecht. Ésta se utilizaba en el siglo XVIII como base para elaborar cerveza. Detrás de la fachada se esconde un espléndido jardín. Al fondo a la derecha, unas puertas protegían antiguamente los servicios y, en el centro del jardín, hay dos bombas de agua. Una bombeaba el agua potable del manantial, o *pompwater*, y la otra bombeaba el agua de lluvia utilizada para el mantenimiento, o *regenwater*.

Originalmente, se utilizaban los desvanes situados encima de los apartamentos para guardar la turba para la calefacción y para secar la colada.

Hoy, el *hofje* se compone de 26 apartamentos de unos 70 m^2 equipados con todas las comodidades modernas: gas desde 1863, agua corriente desde 1890, electricidad desde 1917, aseos privados desde los años 1960 y duchas desde los años 1970. Hasta 1951, las parejas con escasos recursos los utilizaban gratuitamente. Ahora la asociación de viviendas *Woningbouwvereniging Het Oostenque* es la propietaria de este lugar pero son los gerentes, entre los cuales hay descendientes del barón, quienes deciden quien puede residir en este pequeño paraíso.

Willem van Brienen vivía en la casa del número 176 de Herengracht, también llamada casa del cuadrante solar o *sonnewijzer*, por el reloj de la fachada. Su padre encargó su construcción al arquitecto L.F. Druck en 1781. Siendo católico, hecho excepcional para la época, el *van Brienenhofje* también lo era.

LA CASA DE LAS CABEZAS

24

Antiguos dioses para acoger cabezas bien formadas

Keizersgracht 123
1015 CJ
Visita guiada previa solicitud en el +31 (0)20-6258079

La Casa de las Cabezas, en el número 123 de Keizersgracht, fue construida hacia 1620 por el famoso arquitecto Hendrik de Keyser para Nicolaas Sohier, un rico comerciante de medias. Esta hermosa residencia con gabletes escalonados de estilo renacentista, muy popular en el siglo XVII, está ricamente decorada con garras, jarrones, obeliscos, máscaras de león y columnas dóricas. Sin embargo, lo más intrigante son las seis cabezas dispuestas en fila de la fachada.

Fueron añadidas unos años más tarde por el nuevo propietario, Louis de Geer. Durante mucho tiempo, la leyenda afirmaba que representaban el castigo impuesto a seis intrusos que habían entrado en la casa y a los que la doncella decapitó con un cuchillo de pan. Sin embargo, se ha descubierto hace poco que estos bustos correspondían en realidad a seis dioses romanos: se reconoce a Apolo (dios de las artes) por su corona de laureles, a Ceres (diosa de la agricultura) por sus espigas de maíz, a Baco (dios del vino y del placer) por su vid y a Diana (diosa de la caza) por su media luna. A ambos lados de la entrada, como si la vigilaran, se encuentran Mercurio (dios del comercio y mensajero de los dioses), cuyo casco alado delata su identidad, y Minerva (diosa de la sabiduría), también con un imponente casco. ¿Son estas dos divinidades una referencia al genio comercial de Louis de Geer?

A la derecha de la casa, la verja da a un gran jardín donde se puede admirar la parte trasera de la casa, más sobria con su gablete de doble escalón de estilo renacentista de Ámsterdam.

Desde 2017, la casa alberga la Embajada de la Mente Libre (ver siguiente página doble), antiguamente conocida como Bibliotheca Philosophica Hemertica, dotando de un nuevo significado a la presencia de las antiguas divinidades que parecen otorgar su protección a este ilustre establecimiento donde reposan tantos conocimientos.

LA BIBLIOTECA DE FILOSOFÍA HERMÉTICA

25

Una colección de libros esotéricos única en el mundo

Keizersgracht 123 , 1015 CJ - embassyofthefreemind.com
Visita previa solicitud en 020-6258079

Con el inicio del siglo XX surgieron las bibliotecas privadas: las numerosas publicaciones y una mejor organización de su comercialización permitieron a los apasionados crear fondos documentales para apoyar sus investigaciones académicas o satisfacer su curiosidad por un tema concreto.

Nacido en 1941, Joost Ritman hizo fortuna vendiendo cubiertos de plástico, inicialmente para el catering de los aviones. Esto, sin embargo, no le impidió mantener un creciente interés por la espiritualidad.

Cuenta la historia que empezó a coleccionar libros raros siendo joven, cuando su madre le enseñó una edición del siglo XVII del libro Aurora de Jacob Böhme. Su biblioteca es conocida en el mundo entero.

Contiene 20 000 libros impresos y manuscritos especializados en filosofía cristiana hermética. Alberga un centenar de manuscritos anteriores a 1550 y otros 5000 impresos antes de 1800.

En 1984, Ritman hizo pública su colección, pero acabó teniendo problemas financieros debido a sus inversiones en libros y arte. A pesar de ser considerada parte del patrimonio nacional, el banco ING vendió una parte de la colección en Londres, que Ritman pudo recuperar al vender su empresa.

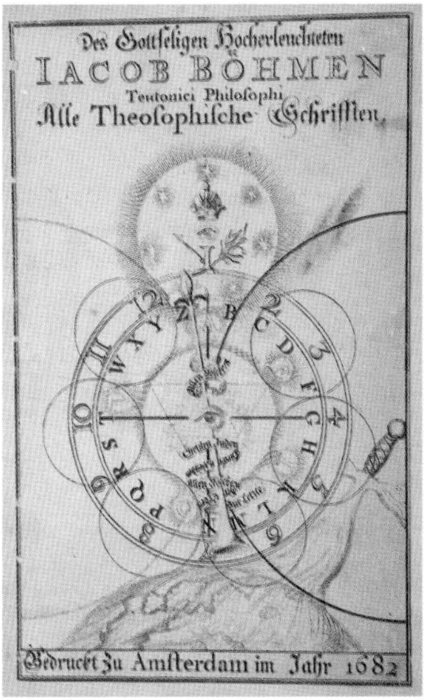

En 2006, el Estado neerlandés adquirió un tercio de su colección por 19 millones de euros y, poco tiempo después, Ritman compró el monumental edificio.

Sus méritos en el mundo de la literatura han sido reconocidos con diversos premios, como la medalla de plata de la Real Academia Ciencias y Artes de Holanda (KNAW) en 2002.

La colección de J. Ritman es una de las razones por las cuales se ha creado una cátedra de filosofía hermética en la Universidad.

RÓTULO DE PIEDRA DEL MOLINO DE PAPEL

Una fábrica de papel en el siglo XVII

Herengracht 105

En el número 105 de Herengracht, un magnífico rótulo de piedra policromado representa el funcionamiento de un molino de papel del siglo XVII, del que se muestra una sección transversal. Su interés reside tanto en la delicadeza de su ejecución como en la precisión con la que el artista ha representado cada etapa de la fabricación del papel de trapo.

La fábrica, construida sobre un armazón de madera fielmente representado, tenía dos niveles. Las actividades que debían realizarse en seco, se llevaban a cabo en la planta superior, mientras que en las que se utilizaba agua, se hacían en la planta baja.

Si seguimos las etapas de fabricación del papel por orden cronológico, se aprecia primero, en el centro de la planta superior, la clasificación de la materia prima: una mujer separa, en dos montones, los trapos blancos de las telas de colores.

A continuación, la actividad continúa en la planta baja: a la derecha, una rueda hidráulica acciona un mecanismo que golpea el tejido húmedo para estirar la trama. Estas fibras sueltas se mezclan con agua (en el centro de la planta baja) hasta obtener una pasta que se extiende en pequeñas cantidades sobre un tamiz rectangular fino que, al agitar suavemente la mezcla, elimina el exceso de agua y reparte las fibras uniformemente. Se coloca la hoja húmeda bajo una prensa (a la izquierda de la planta baja). A continuación, se secan las hojas en una sala bien aislada de la humedad gracias a un suelo cubierto de hileras de ladrillos (en la primera planta, a la derecha). Por lo que se ve en esta representación, la operación debía de durar lo suficiente como para que el empleado encargado se quedase ¡dormido! Finalmente, una mujer (arriba, a la izquierda) empaqueta las hojas secas y apila las resmas de papel delante de ella, listas para ser vendidas.

Este relieve pintado se creó en 1649 para decorar la fachada de la casa del acaudalado comerciante de papel Pieter Haack, que se encontraba en el número 98 de Damrak. Cuando la casa fue demolida en 1908, esta obra excepcional fue recuperada y restaurada. Finalmente, en 1992, la instalaron en el lugar que ocupa hoy. Pero no se eligió al azar: el edificio albergaba una agencia de publicidad, que, por definición, ¡utilizaba mucho papel!

VESTIGIOS DE LA JAN ROODEPOORTSTOREN

27

La silueta de un monumento desaparecido

Oude Leliestraat, sobre el Singel

Al pasar por el puente de la torre o esclusa (*Torensluis*), llama la atención un gran cuadrado de adoquines de color más claro: desde 2003, marca el emplazamiento de una torre que ya no existe, la *Jan Roodepoortstoren* (ver página contigua).

Construido en 1616 en el emplazamiento de otra torre que formaba parte de las murallas medievales originales, este monumento de 55 metros de altura sirvió de reloj público hasta 1829, cuando su estado ruinoso obligó a demolerlo: todo lo que queda de él son las gárgolas de su base, cuyas ventanas enrejadas son visibles bajo el *Torensluis*.

El puente Torensluis, el más ancho del centro con 42 metros de anchura, era una importante vía comercial. «Sluis» significa ladrillo, y su nombre indica la forma en que se construyó originalmente, como muchos otros puentes de Ámsterdam.

EL *GAPER* O «BOSTEZADOR MORO»

(28)

Cartel de boticario

Gravenstraat 20

Paseando por las calles de Ámsterdam, uno se cruza a veces con curiosos rostros pintados con la boca abierta y la lengua fuera, como esta del número 20 de Gravenstraat. Estas estatuas, comúnmente conocidas como *gapers*, o bostezadores en neerlandés, no tenían la intención de dormir a los transeúntes, sino de indicarles una botica, ya que los *gapers* abrían la boca para tragarse el remedio.

Esta sorprendente tradición se remonta al menos a 1515, cuando un boticario de Bruselas instaló el primer *gaper* conocido delante de su tienda. También es importante destacar que muchos *gapers* llevan turbante: este toque exótico recuerda que la mayoría de las especias y plantas utilizadas en la preparación de los remedios provenían de Oriente, y que la medicina oriental gozó de especial prestigio hasta el siglo XIX (y sobre todo el XVII). Se cuenta que algunos boticarios poco escrupulosos montaban pequeños espectáculos en los mercados: el charlatán administraba un placebo a un ayudante vestido de moro, que fingía estar enfermo... Y en cuanto se tragaba la pastilla, el falso moro daba unos pasos de baile, confirmando su repentina «recuperación».

En la segunda mitad del siglo XIX, cuando el gobierno decidió reservarse el derecho de distribuir medicamentos, el estilo de los *gapers* evolucionó: en lugar de figuras orientalistas, representaban a funcionarios del gobierno, con muchos policías, bomberos y soldados sacando la lengua.

Los *gapers* solían ser de madera pintada y se colocaban en el exterior de las tiendas, donde estaban expuestos a la intemperie, lo que explica que pocos se hayan conservado hasta hoy: se calcula que quedan menos de cincuenta en los Países Bajos.

Los otros gapers *de Ámsterdam*

Se pueden ver preciosos ejemplos de *gapers* en las siguientes direcciones: Gravenstraat 20, Herenstraat 7, Staalstraat 4, Tichelstraat 35, Binnen Bantammerstraat 13, Geldersekade 84 (rótulo de piedra, de *eeuwige gaper*), Kloveniersburgwal 82 (altorrelieve de piedra).

El Nederlands Drogisterij Museum, en Maarsen, expone unos 150 *gapers*. Otros «bostezadores», menos numerosos pueden verse en las salas de exposición del Zuidersee Museum en Enkhuizen.

EL CISNE DE LA IGLESIA LUTERANA REDONDA

29

«En cien años aparecerá un cisne...»

Kattengat 1
Lugar gestionado por el Hotel Renacimiento de Ámsterdam
Visita con reserva previa en el 020 621 22 23

Desde Haarlemmerdijk, nos sorprenderá avistar un cisne de metal en lo alto de una cúpula. Se trata de la cúspide de la «Iglesia Redonda» luterana (también llamada *Koepelkerk*, «Iglesia Cúpula»). Fue construida entre 1668 y 1671 por los alemanes que, atraídos por la prosperidad de los Países Bajos, emigraron en gran número durante el siglo XVII.

Hay que remontarse a la época del teólogo checo Jan Hus (nacido entre 1369 y 1373 y fallecido en 1415) para comprender mejor el significado de este cisne encaramado al monumento. Este profesor universitario, considerado el precursor del protestantismo, destacó por su determinación para librar a la iglesia de lo que él consideraba desviaciones: se opuso firmemente a la venta de indulgencias para el perdón de los pecados, lo que le valió la ira pontificia. Excomulgado en 1411, fue condenado por herejía y quemado vivo en 1415. Antes de ser ejecutado habría declarado: «pueden matar al ganso*, pero en cien años aparecerá un cisne que no podrán quemar»...

Sin embargo, pasaron 102 años antes de que las ideas del teólogo fueran retomadas por Martín Lutero (1483-1546) en sus famosas noventa y cinco tesis, que habría clavado sobre las puertas de la Iglesia de Todos los Santos de Wittemberg y en las que condenaba de nuevo el comercio de indulgencias, así como las prácticas del alto clero. Naturalmente, sus seguidores vieron en Lutero al sucesor anunciado por Jan Hus (que apenas habría errado en dos años con su vaticinio). De ahí que le apodaran el «cisne» y que este pájaro se haya convertido en el símbolo por excelencia de los luteranos.

La «Iglesia Redonda» fue concebida por el arquitecto Adriaan Dortsman en un estilo clásico y sobrio, y destaca por sus pilastras dóricas y sus ventanas rectangulares. Una de las particularidades del templo es la linterna (especie de torreta) que corona la cúpula (los campanarios estaban reservados a las iglesias reformadas).

El edificio ha sido restaurado en varias ocasiones, principalmente tras los incendios de 1822 y de 1993. Gracias a su excelente acústica, sigue acogiendo conciertos: una de sus principales atracciones es el órgano realizado por Johann Bätz (1709-1770), famoso por su extraordinaria calidad.

**en checo, hus significa* «ganso»

CASA DE SINGEL 7

30

La casa más pequeña de Ámsterdam

Singel 7

La casa de Singel 7 ostenta un récord difícil de batir en Ámsterdam: con 1,01 metros de ancho, es decir, apenas más ancha que la puerta principal, es la casa más estrecha de Ámsterdam. Su fachada es en realidad la esquina de un edificio mucho más grande.

Otras casitas en Ámsterdam

- Singel 166: 1,84 metros de ancho y dos plantas.
- Oude Hoogstraat 22: 2,02 metros de ancho para una profundidad de unos 6 metros. Está situada al lado de la puerta del siglo XVII, obra del arquitecto Hendrick de Keyser, que daba acceso a la nave norte de la iglesia Valona, cuya entrada principal se encuentra en la Oudezijds Achterburgwal y da a la plaza Walenpleintje al borde del canal. Aquí, se distribuían estufillas a las personas que iban a la iglesia.
- Haarlemmerstraat 43: De Groene Lantaarne. Es el restaurante más pequeño de Ámsterdam debido a su estrecha fachada. En la parte trasera, el edificio es más ancho.
- Stromarkt 7: antaño fue un pequeño bazar que hoy ha sido transformado en oficina. Se entra por el edificio colindante.
- Gravenstraat: entre los números 17 y 19. Superficie total de 3,5 metros cuadrados. Es la tienda más pequeña de Ámsterdam, también conocida como el nido de la Nieuwekerk, ya que está justo al lado.
- Molsteeg 5,: hermoso hastial en forma de campana que data de 1644. Cuatro plantas.
- Prinsengracht 4: pequeña casa de 5 plantas.
- Korsjespoortsteeg 9: poco más de 2 metros de ancho.
- Prinsengracht 1047: 6 plantas para esta adorable casa de muñecas de 3 metros de ancho y tan sólo 3 metros de profundidad.

¿Por qué son tan estrechos los edificios de Ámsterdam?

En el Siglo de Oro se calculaba la contribución territorial en base a la anchura de la fachada del edificio. Esta es la razón por la que se tomó la costumbre de construir los edificios angostos y largos con escaleras estrechas. Como no se podía subir o bajar los muebles por las escaleras, la viga principal, o viga saliente, estaba equipada de un gancho para poder utilizar una polea con la que izar los muebles a las plantas superiores y las mercancías al desván. En esta época en que se utilizan grúas elevadoras, los contratistas neerlandeses y las empresas de mudanza siguen prefiriendo la polea, mucho más rápida y más eficaz...

Grandes canales del sureste, El Plantage, Barrio Judío

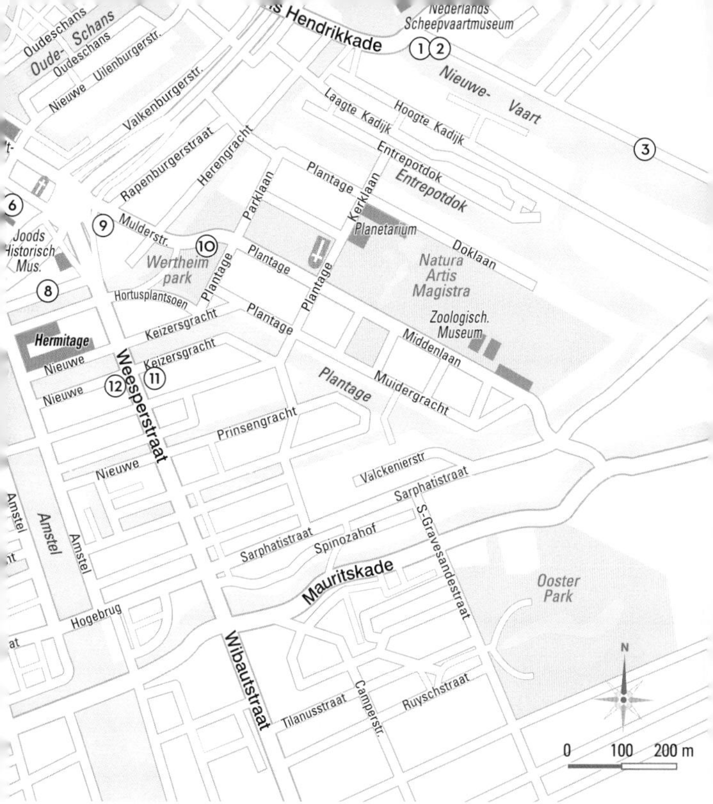
Hendrikkade
Nederlands
Scheepvaartmuseum
Oudeschans
Oude- Schans
Oudeschans
Nieuwe Uilenburgerstr.
Valkenburgerstr.
Nieuwe- Vaart
Laagte Kadijk
Hoogte Kadijk
Rapenburgerstraat
Herengracht
Entrepotdok
Entrepotdok
Plantage
Parklaan
Kerklaan
Planetarium
Mulderstr.
Joods
Historisch
Mus.
Wertheim
park
Plantage
Doklaan
Natura
Artis
Magistra
Hortusplantsoen
Plantage
Zoologisch.
Museum
Keizersgracht
Hermitage
Nieuwe
Keizersgracht
Weesperstraat
Middenlaan
Nieuwe
Plantage
Muidergracht
Prinsengracht
Nieuwe
Valckenierstr
Sarphatistraat
Amstel
Amstel
Amstel
Sarphatistraat
Spinozahof
S-Gravesandestraat
Mauritskade
Ooster
Park
Hogebrug
Wibautstraat
Tilanusstraat
Camperstr.
Ruyschstraat
N
0 100 200 m

LAS FALSAS FACHADAS DE KATTENBURGERPLEIN

①

Puertas que no abren

Kattenburgerplein

Aunque puede parecer que Kattenburgerplein ha permanecido intacta desde el siglo XVII, en realidad es una reconstrucción completa de la década de 1970.

Las islas de Kattenburg, Wittenburg y Oostenburg se construyeron entre 1653 y 1658 en el río IJ y estaban destinadas a defender la ciudad en caso de conflicto, dado que los Países Bajos ya habían vivido numerosas guerras contra España, Inglaterra y Francia.

Con los años, sin embargo, su uso militar disminuyó a favor de actividades económicas vinculadas a los astilleros.

Se construyeron muchas casas para alojar a los trabajadores de los astilleros. Muy pocas han sobrevivido, pero en 1968, el arquitecto Pieter Pals decidió dar una nueva vida a algunas de estas casas aprovechando lo que quedaba de ellas para construir un nuevo complejo de viviendas para estudiantes en la plaza de Kattenburg. Por sorprendente que parezca, estas preciosas fachadas son falsas: ¡una de cada dos puertas no abre! También destaca el hermoso rótulo de piedra de *Groenne Ovent*, que representa a un panadero horneando pan en un horno verde.

EN LOS ALREDEDORES

Rótulo de piedra de una cesta con clavos ②

Kattenburgergracht 7-17

Las casas situadas en los números 7 a 17 de Kattenburgergracht son los únicos ejemplos que se conservan de la primera época de la isla de Kattenburg y datan de la segunda mitad del siglo XVII. En el número 9, el rótulo de piedra representa una cesta con clavos: en esta casa vivió el ferretero Willem Claeszoon. Más arriba, en la fachada, se puede leer el año de su construcción. Las casas de los números 11, 13 y 15 también se construyeron en 1663. El rótulo de piedra muestra dos poleas, lo que indica que esta era la casa del carpintero especializado en este tipo de equipamiento para barcos.

Estatua de dos hombres ③

Oostenburgergracht 37

En el cruce de Oostenburgergracht y Ooostbenburgervoorstraat, una estatua de bronce representa a dos jóvenes en una postura que puede parecer incongruente para los transeúntes. En realidad están retorciendo una cuerda, símbolo del trabajo en equipo llevado a cabo en este barrio en el siglo XVII.

LA PUERTA DE LOS LEPROSOS Y LA MATRACA

4

Una puerta que se traslada

Sint Antoniesluis 24

Integrada dentro de un edificio moderno, la puerta de los Leprosos es un vestigio anacrónico que ha sobrevivido milagrosamente al paso del tiempo. Esta puerta indicaba la entrada de la Lazarushuis, una leprosería construida en el siglo XV, que se encontraba entonces a las afueras de la ciudad, sobre el dique que conducía a Muiden, lugar donde actualmente se encuentra la plaza Mr. Visserplein. La puerta data de la época en que se reformó la leprosería, entorno a 1609.

Fabricada en piedra de sillería, su parecido con la puerta de la Zuiderkerk es tal que se cree proviene de los talleres de Hendrik de Keyser y ha sido posiblemente construida por el escultor Nicholas Stone. En los años 1860, destruyeron la leprosería para dejar sitio a una comisaría. Un siglo más tarde, se desmontó la puerta para permitir la construcción de un túnel bajo el río IJ. Gracias a la fundación Pinto, se volvieron a montar las piedras de la puerta como como estaban originalmente y las integraron en la parte trasera de la casa Pinto, a tan solo unos cien metros de su primera ubicación. Los altorrelieves del tímpano representan a un leproso y una leprosa con una matraca en la mano. Los leprosos utilizaban las matracas para avisar a los habitantes de su llegada y de que se apartaran, ya que su enfermedad era contagiosa. Estas esculturas fueron creadas hacia 1975 por Henri van Haaren, a partir de lo que quedaba de las esculturas originales, muy deterioradas. Empujando la puerta del porche, se accede a un pequeño y hermoso patio con una casa de ladrillo a la izquierda y una pequeña casa contigua enfrente, que no es otra que la parte trasera de la casa Pinto (ver doble página siguiente).

LOS TECHOS DE LA CASA PINTO

5

Una joya desconocida

Pinto Huis
Sint Antoniesbreestraat 69

Esta imponente casa de estilo clásico, cuyo nombre proviene de la adinerada familia Pinto, alberga en la actualidad una biblioteca pública que posee unos magníficos y poco conocidos techos ornamentados.

A principios del siglo XVII, la familia Pinto emigró a los Países Bajos huyendo de la Inquisición que perseguía a los judíos de Portugal. Primero se instalaron en Amberes como banqueros, luego en Róterdam, y finalmente en Ámsterdam. Fueron acumulando, poco a poco, una considerable fortuna, lo que dio origen a la expresión popular «rico como un Pinto». Su amistad con el estatúder Guillermo IV les llevó a financiar la guerra contra los franceses en 1748. En 1651, Isaac de Pinto compró el edificio ubicado en el número 69 de Sint Antoniesbreestraat. Situada al borde de un canal, como la mayoría de las casas pertenecientes a la gente adinerada de la época, es más ancha de lo normal.

Su hijo, David Emmanuel, reconstruyó completamente la casa en los años 1680, en un estilo clásico muy imponente, con chimeneas típicas y una impresionante fachada construida en piedra de sillería, obra de Elias Bouwman. Cuenta la leyenda que la verja en hierro forjado era antiguamente de plata.

La casa perteneció a la familia Pinto hasta el siglo XIX, y luego quedó abandonada. A principio de los años 1970, amenazada de demolición, fue adquirida por la municipalidad. Tras varios años luchando contra los proyectos de construcción de una vía rápida y de una línea de metro, la casa fue finalmente restaurada en 1975.

La casa Pinto es hoy en día una biblioteca municipal, por lo que es fácil disfrutar de sus techos artesonados originales. Admirar en particular los querubines, los pájaros y las decoraciones florales, obra del célebre maestro del siglo XVII, Jacob de Wit.

Las pinturas fueron restauradas a finales del siglo XX, pero algunos paneles habían desaparecido y se decidió crear unos nuevos, los cuales fueron realizados por el pintor Theo Kurpershoek. Son fácilmente reconocibles por los detalles de la vida contemporánea que aparecen: la casa en obras, gente en bicicleta, una botella de vidrio… Se aprecia en particular un pequeño ángel leyendo, clara referencia al uso actual del edificio.

El dibujo del panel del pasillo que representa un cielo con pájaros es una réplica realizada a partir de fotografías, ya que el panel original fue robado cuando la casa quedó abandonada. En una de las salas del fondo, entre las vigas del techo, se puede admirar siete pinturas de Nicolás Wijnberg. En la del centro, están representadas cuatro lunas que forman parte del escudo de la familia Pinto. Las decoraciones florales de las vigas son originales.

EL NIVEL DEL MAR EN ÁMSTERDAM

⑥

La prueba de que Ámsterdam está por debajo del nivel del mar...

Acceso desde la entrada este del Ayuntamiento (Stadhuis)
Amstel 1

Cerca de la entrada del metro de Waterlooplein, hay un gran panel mural dotado de tubos que miden los distintos niveles del mar y que nos permiten entender cuan importante es la lucha que mantiene Ámsterdam con el mar.

Ámsterdam, al igual que toda la parte oeste de los Países Bajos, se encuentra por debajo del nivel del mar, y está protegida únicamente por los diques y las dunas. Por lo cual no es nada sorprendente que la medición del nivel del mar sea tan precisa.

La medición de las mareas se calcula en base a un nivel de referencia que se supone indica el Nivel Normal del Agua de Ámsterdam (Normaal Amsterdams Peil o N.A.P.). En 1683, Johannes van Hudde (ver pág. 60), alcalde de Ámsterdam, calculó este nivel a partir de las medias del nivel del río IJ registradas en el siglo XVII. Se ha convertido en un criterio altimétrico en prácticamente todos los países de Europa.

Al entrar en el pasaje, se observan tres grandes cilindros de vidrio con agua: el agua contenida en dos de los cilindros indica los niveles de pleamar o bajamar del momento en las ciudades de IJmuiden y Vlissingen (en la provincia de Zelanda). ¡Con la marea alta, el agua llega hasta las rodillas! El tercer tubo es el que más angustia produce. El agua está a una altura de casi 5 metros por encima de la cabeza: es el nivel que alcanzó el agua del mar en las grandes inundaciones de 1953 en la provincia de Zelanda. Estos niveles se actualizan automáticamente mediante comunicación telefónica con los centros de meteorología de estas ciudades.

Bajando las escaleras, el nivel normal (N.A.P.) se encuentra representado, encima de una columna blanca, por un perno de bronce. Desde Helsinki hasta Roma, este perno sirve de referencia para la construcción de carreteras o para excavaciones bajo el mar.

En la pared, un mural de piedra representa un plano de corte del suelo que señala los diferentes lugares de referencia del país. Esta representación nos permite darnos cuenta de la peculiar geología del lugar: Ámsterdam se ha construido sobre pilares de madera que se apoyan en la primera capa de arena, a unos 12 metros por debajo del nivel del mar. En la actualidad, el uso de hormigón en los cimientos ha permitido alcanzar la segunda capa de arena, lo que da mayor estabilidad y permite construir edificios más imponentes.

La línea de metro construida en 1966 se apoya sobre la primera capa de arena mientras que la nueva línea se apoya en la segunda, a 24 metros de profundidad, lo que explica el alto coste y las dificultades de construcción.

MONUMENTO A LOS NIÑOS JUDÍOS

⑦

«Que su memoria sea bendecida»

Amstelstraat

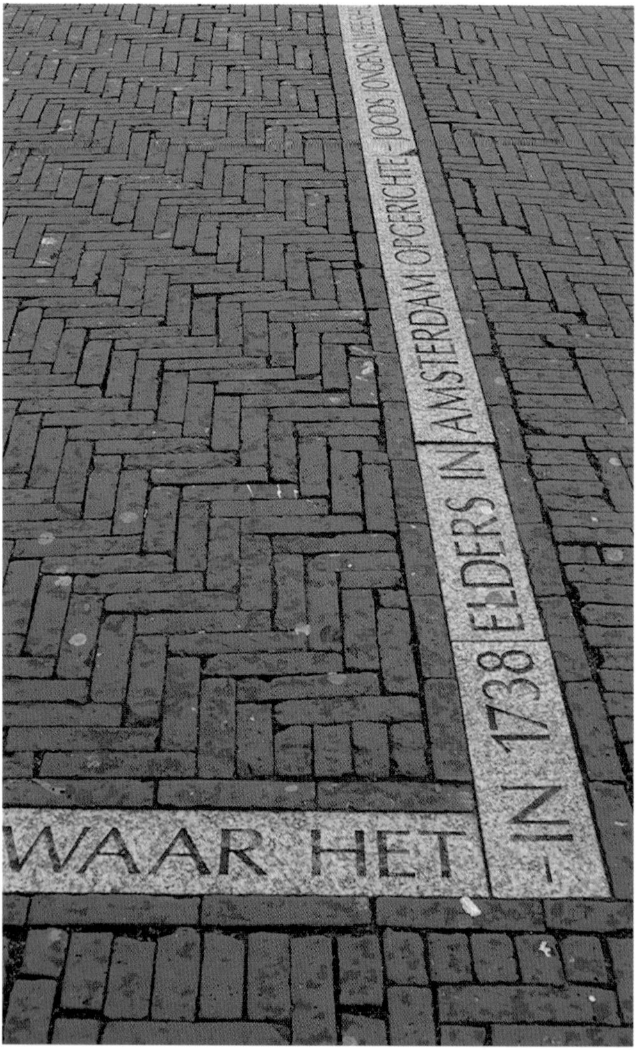

El mercadillo casi diario en Amstelstraat impide que muchos habitantes de Ámsterdam vean en el suelo un rectángulo formado por adoquines más claros que delimita un espacio particular: es el contorno del antiguo orfanato judío para chicos, cuyos alumnos internos fueron deportados durante la Segunda Guerra Mundial.

Una larga inscripción recorre estos adoquines, recordando el terrible destino de estos niños: «Estas palabras delimitan el lugar donde se encontraba el orfanato judío Megadle Jethomien (educadores de huérfanos), construido en Ámsterdam en 1738 y asentado en este lugar desde 1865 hasta marzo de 1943, cuando los ocupantes alemanes tomaron esta casa y deportaron a los niños.

Tres adultos acompañaron voluntariamente a los cien niños que enviaron al campo de exterminio de Sobibor. Ninguno de ellos regresó. Que su memoria sea bendecida.»

Desde su fundación en 1738 por judíos asquenazíes, el consejo del Megadle Jethomiem se ocupó primero de realojar a los huérfanos en familias. Sin embargo, el aumento del número de huérfanos hizo que esta tarea resultase cada vez más complicada y en el siglo XIX se decidió construir orfanatos: el primero se inauguró en 1836, seguido de un segundo en 1865. Tras las deportaciones en la Segunda Guerra Mundial, el primer orfanato sirvió una vez más como punto de partida a Israel. Finalmente, el edificio se vendió, y en 1977 se demolió.

De hecho, se sabe que la decisión de no reconstruir el barrio judío tal y como era originalmente se tomó después de la guerra: en 1955, se eligió el terreno del ayuntamiento para erigir este monumento conmemorativo y en 1967, el vienés Wilhelm Holzbauer ganó un concurso internacional de arquitectura para diseñarlo.

El papel de los jóvenes huérfanos en la comunidad judía

En la comunidad judía, los jóvenes huérfanos desempeñaban, de alguna manera, el papel de hijos sustitutos: tras la muerte de un padre, sus hijos tenían que recitar el *kaddish* (la oración clásica de la liturgia judía) durante varios meses. No obstante, si el difunto no tenía hijos varones o si estos no podían cumplir con su deber, se podía delegar la realización de este ritual en un huérfano.

LA FACHADA DEL CORVERSHOF ⑧

«Su nombre quedará inmortalizado »

Nieuwe Herengracht 4-18
Patio interior generalmente cerrado al público
Abierto durante el «open Monumentendag», el 2º fin de semana de septiembre, y a veces solicitándolo amablemente en la entrada

Centro litúrgico perteneciente a la comunidad protestante de Ámsterdam, el Covershof es una fundación que dependía de la Diaconía Reformada.

El Amstelhof era para hombres y mujeres célibes, mientras que el Covershof acogía a parejas mayores sin descendencia. Construido en 1722 por el arquitecto Steven Vennecool, el Covershof es un edificio monumental de tres plantas, recientemente restaurado, que posee un patio interior y varios desvanes. Hay un comerciante de vino que utiliza la bodega. En el frontón se puede ver una representación del proyecto del Covershof con una ilustración alegórica de la Beneficencia en el pico de un águila.

Debajo del frontón, en la fachada, figuran tres cestas (*corven*) y tres zuecos (*trippen*), símbolos pertenecientes a los escudos de las dos personas cuyas donaciones hicieron posible su construcción: Joan Corver (1688-1719) y Sara Maria Trip (1693-1721). Encima de la puerta un poema neerlandés de Mattheus Brouërius van Nidek en honor a los fundadores dice: «Si la caridad merece ser agradecida y el cuidado de los pobres recompensado, el nombre de Corver y Trip, corre en boca de todos como la miel. Gracias a su obsequio y voluntad, esta casa de Dios ha sido edificada, el edificio es merecedor de sus escudos, su nombre quedará inmortalizado».

LA BIBLIOTECA ETS HAIM

9

La biblioteca hebraica más antigua del mundo

Mr. Visserplein 3
020 531 03 98
Visita mediante cita previa

La biblioteca Ets Haim, también denominada biblioteca del Árbol de la Vida, es la biblioteca judía en activo más antigua del mundo. En la actualidad, alberga 30 000 volúmenes y 500 manuscritos, la gran mayoría en hebreo, que datan desde 1484 hasta nuestros días y son muy útiles para entender la historia del pueblo judío entre los siglos XVII y XVIII.

Fundada en 1616 en el seminario Academia y Yesiba o colegio talmúdico Ets Haim, esta institución deseaba proporcionar una educación secular y religiosa, permitiendo que los inmigrantes judíos sefardíes pudieran integrarse en el ambiente holandés pero manteniendo la tradición judía. Es un ejemplo, muy adelantado para su tiempo, de integración sin asimilación.

Desde 1675, la biblioteca se encuentra ubicada en la hilera de edificios que rodean la sinagoga portuguesa, un imponente monumento del siglo XVII.

Está justo al lado del auditorio del seminario, lugar que los fieles utilizaban, durante los rigurosos inviernos, para reunirse durante el *sabbat* ya que la sinagoga carecía de sistema de calefacción.

En 1889, David Montezinos, entonces bibliotecario de esta institución, donó su colección privada. Desde ese momento la biblioteca también pasó a llamarse Livraria Montezinos, en honor a su donante. En 2003 fue incluida en el programa Mèmoria del Mundo de la Unesco.

La colección refleja el ideal humanista del siglo XVII e ilustra el nacimiento de la cultura sefardí en España y en Portugal. Además del aspecto teológico, la biblioteca reúne obras sobre temas relacionados con la historia, la lengua, la literatura, así como con la medicina o la economía. La mayoría de las obras están disponibles en microfichas en las ediciones MMF.

Ámsterdam, centro de edición internacional

En el siglo XVII, Ámsterdam era una de las pocas ciudades que garantizaban la libertad de prensa por lo que, rápidamente, se convirtió en un importante centro de edición internacional y de negocios de libros. Tras la creación en 1627 de la primera editorial hebrea por el rabino Menasseh Ben Israel, editor y maestro de Spinoza, Ámsterdam se convirtió rápidamente en el lugar de referencia de las publicaciones hebreas. Los judíos del mundo entero iban a Ámsterdam para imprimir y publicar sus obras. Para asegurar su subsistencia durante su estancia, a menudo larga debido a todas las lecturas y correcciones de su libro, estos trabajaban como profesores invitados en Ets Haim. Se pueden encontrar aún numerosas huellas de su vida y trabajo en los manuscritos de la colección.

EL MONUMENTO «AUSCHWITZ, NUNCA MÁS» ⑩

El monumento de los espejos rotos

Wertheimpark, Plantage Middenlaan

El hermoso parque Wertheim alberga desde 1993 el monumento de los espejos rotos. El artista neerlandés Jan Wolkers realizó esta obra en 1977 en memoria de las víctimas de Auschwitz.

Durante la Segunda Guerra Mundial, 67 trenes partieron desde los Países Bajos hacia los campos de concentración deportando así a unos 60 000 judíos neerlandeses al campo de Auschwitz-Birkenau y a 34 000 al de Sobibor.

Solo regresaron 1150 del primero y 19 del segundo. En enero de 1952, el gobierno polaco conmemoró por primera vez la liberación del campo de Auschwitz. La delegación neerlandesa de los supervivientes trajo una urna fúnebre que fue enterrada debajo de una placa conmemorativa en el cementerio del Este, u Oosterbegraafplaats. En 1977, la placa fue sustituida por una obra de cristal espeso, en forma de seis placas de vidrio resquebrajadas. Lo que el artista ha querido mostrar mediante el reflejo del cielo sobre estos trozos de vidrio roto es que este dejó de ser azul y diáfano después del Holocausto. En 1993, el monumento fue trasladado al parque Wertheim.

Cada año, el último domingo de enero, se celebra en este lugar una procesión silenciosa para conmemorar la liberación del campo de Auschwitz (27 de enero de 1945).

Antaño se hallaba aquí uno de los parques más antiguos de Ámsterdam, creado en 1812. Solo se ha conservado un pequeño espacio verde de menos de una hectárea que, en 1898, fue rebautizado con el nombre del banquero, político, esteta y filántropo Abraham Wertheim (1832-1897). Una monumental fuente ha sido erigida en su honor.

Un monumento digital para los judíos de Ámsterdam

La página de Internetjoodsmonument.nl es un monumento funerario novedoso. Cada cuadradito de la página de inicio de esta insólita página representa una persona judía deportada: azul para un hombre, rojo para una mujer, verde para un niño y amarillo para una niña. Presione con el ratón sobre estos cuadraditos y descubrirá la identidad de estos miles de personas, así como su domicilio antes de ser deportados.

OCCO *HOFJE*

11

El único hofje *estilo Luis XVI de Ámsterdam*

Nieuwe Keizersgracht 94
Abierto durante el «open Monumentendag», el 2º fin de semana de septiembre, y a veces solicitándolo amablemente en la entrada

Edificado en 1774, después de la mayoría de los del Jordaan, el Occo Hofje (ver pág. 67) es el único *hofje* de la ciudad construido en el estilo Luis XVI. En 1893 fue ampliado con dos alas sobre el huerto y el vergel. La capilla, que data de 1816, ha sido recientemente restaurada. Este *hofje* fue fundado gracias al legado de Cornelia Elisabeth Occo. Esta mujer de negocios, descendiente del mercader y banquero Pompejus Occo, era soltera. Muy conocida en los círculos de negocios de París, Londres y Bruselas, era, entre otras cosas, accionaria de la Compañía Francesa de las Indias.

En 1752, estipuló en su testamento que su fortuna debía servir para construir un *hofje* para viudas pobres y ancianas solteras. El edificio fue concebido para albergar a 33 residentes, como la edad de Cristo, que debían ser católicas. En la parte delantera del edificio, en el frontón, se puede leer la inscripción «*'t gebouw van Barmhartigheid*» (« »). Tanto fuera, sobre la fachada, como dentro, a cada lado de las rampas de la escalera, se puede ver una decoración en forma de águila, animal que se encuentra en el escudo de la familia Occo.

MDCC
LXXIV
'T GEBOUW VAN
BARMHARTIGHEID
94 t/m 140

VAN BRANTS RUS *HOFJE*

12

Un hospicio construido sobre el comercio con Rusia

Nieuwe Keizersgracht 38-40
Abierto durante el «open Monumentendag », el 2º fin de semana de septiembre, y a veces solicitándolo amablemente en la entrada

Christoffel Brants, hijo de un tonelero de Frisia oriental, hizo negocios con Rusia, logrando ocupar un lugar privilegiado en la corte de Pedro el Grande, al cual recibió en su casa durante su visita a Ámsterdam en 1716.

Al año siguiente, fue ennoblecido por el Zar. En 1731, Brants, que no se había casado, decidió edificar un *hofje* (ver pág. 67) encargando la tarea al arquitecto Daniël Marot. A pesar de que falleció al año siguiente, legó una parte significativa de su fortuna para que la obra pudiera ser terminada. El resultado es un impresionante edificio de tres plantas, con bodegas, un desván y un hermoso patio interior. Encima de la puerta de la entrada un poema dice: «*Siga a Brants en sus Virtudes y en su Amor por los Pobres*». En medio figura el escudo del fundador, una estrella roja de seis puntas. Encima de la corona un relieve representa a la Caridad rodeada de mujeres necesitadas. Del lado del jardín, la fachada está una planta más abajo que la fachada que da al canal. En el centro del jardín, aprecie la escultura con un cisne rodeado de angelotes: este símbolo nos recuerda que Brants era luterano (ver pág. 108).

LOS GRAFITIS DE LA CASA DE AMSTEL 216

13

La casa de las manchas de sangre

Amstel 216

Si uno se fija bien en la fachada de la casa del número 216 de Amstel, verá, a la altura de los ojos, unos curiosos grafitis de color rojo parduzco: se distinguen, en desorden, un barco de tres mástiles, algunas letras hebreas, octógonos y banderas, el nombre de Jacoba, y dos referencias a van Beuningen, de contornos dudosos. Son las huellas que dejó Coenraad van Beuningen (1622-1693), tras enloquecer.

Fue en 1675 cuando este ilustre personaje, elegido seis veces alcalde de Ámsterdam, se mudó a esta casa construida cinco años antes. En aquella época, gozaba de un gran prestigio y de una cómoda fortuna, que debía a sus éxitos como diplomático (en 1672, tuvo un papel decisivo en el replegamiento del ejército francés que se disponía a invadir los Países Bajos). Sin embargo, sus relaciones con el príncipe de Orange se deterioraron pronto, y van Beuningen, privado de su influencia, comenzó a sufrir melancolía. Esta se agravó en 1686, fecha en la que se casó con su amante, 18 años menor que él, Jacoba Bartolotti van den Heuvel. El matrimonio no fue feliz.

Van Beuningen dilapidó su fortuna en arriesgadas especulaciones y se arruinó rápidamente.

Su salud mental no soportó tantas dificultades juntas: a partir de 1689, empezó a inspirarse en las obras del metafísico y teólogo alemán Jakob Böhme (1575-1624), de quien se dice tuvo varias experiencias místicas iluminadoras. Maravillado por este misticismo, van Beuningen se convenció de que tenía visiones apocalípticas: habría visto bolas de fuego en el cielo de Ámsterdam, así como un ataúd con los colores del arcoíris…

Los grafitis que dibujó en la fachada de su casa datan de aquella época. Según la leyenda, van Beuningen se cortó las venas de los brazos con un escalpelo, y usó su propia sangre para escribir este curioso mensaje. Hasta la fecha, no se ha podido comprobar esta afirmación. Es sorprendente, sin embargo, que estos grafitis, expuestos a la intemperie, hayan sobrevivido tantos siglos, y resistido a todos los intentos de borrado (sobre todo, en los años 1930, a un tratamiento con ácido con mangueras de alta presión).

LOS FRESCOS OLVIDADOS DEL TEATRO-CINE TUSCHINSKY

(14)

Bellezas art decó que han recuperado su elegancia original

Pathé Tuschinski - Reguliersbreestraat 26-34
0900 14 58
pathe.nl
Visita guiada individual una vez al mes
Puedes acceder si ves una película en la sala grande (nº1), en el 2º balcón

El teatro-cine Tuschinski, obra maestra de la arquitectura y de la decoración, alberga detrás del vestíbulo de la entrada unos magníficos frescos que decoran el pasillo e incluso el gallinero. Dan fe de la voluntad de Abraham Icek Tuschinski de convertir su teatro en un lugar cada vez más hermoso e impresionante. Tuschinski no tenía intención de quedarse en los Países Bajos. Procedente de su Polonia natal, se detuvo en Róterdam desde donde pensaba zarpar para emigrar a los Estados Unidos, pero la ciudad le sedujo. Creó su fortuna desarrollando el innovador negocio de las salas de cine. Considerando el éxito obtenido en Róterdam por las cuatro primeras salas, este hombre –con infalible olfato para los negocios– quiso conquistar a la clientela de la capital construyendo un suntuoso edificio, en homenaje al cine. El 28 de octubre de 1921 se inauguró este sorprendente lugar que mezcla las influencias del art decó y de la Escuela de Ámsterdam (ver pág. 270). Durante las obras de restauración del año 2000, se descubrieron –ocultos debajo de varias capas de pinturas pertenecientes a la época de la ocupación alemana en la Segunda Guerra Mundial– los increíbles frescos de Pieter den Besten.

Durante la construcción del teatro en 1918-1921, Pieter den Besten, artista de la escuela de Róterdam, pintó unas mujeres, llamadas mujeres mariposa, en los frescos que podrá admirar en la galería del patio de butacas de la sala grande. Cuentan que para el décimo aniversario del teatro, Abraham Tuschinski, satisfecho del anterior trabajo de Pieter den Besten, le encargó nuevos y majestuosos frescos para decorar las paredes del gallinero. Se trata de dieciocho mujeres estilizadas, magnífica ilustración del estilo art decó.

En el vestíbulo de la entrada hay una pequeña ventana sobre las dos taquillas, es la ventana del antiguo despacho de Abraham Tuschinski. Muy implicado en su papel de gestor, vigilaba desde ahí la asistencia total de espectadores.

SIMBOLISMO DEL EDIFICIO DE BAZEL

⑮

Un inmueble inspirado en el templo de Borobudur

Vijzelstraat 32
Visita guiada previa reserva en el 020 251 18 00

El imponente edificio situado en el n. º 32 de la Vijzelstraat destaca por su singular fachada que presenta una sucesión de capas bicolores. Los amsterdameses, al descubrir los estratos de ladrillo y piedra alternándose sobre una carcasa de hormigón, bautizaron el edificio con el apodo Spekkoek (el pastel de panceta). Esta construcción, clasificada monumento histórico en 1991, lleva desde entonces el nombre de su arquitecto, Karel de Bazel (1869-1923).

Cuando Bazel, ya en el otoño de su vida, fue designado para concebir la sede de la Sociedad Neerlandesa de Comercio (o NHM: ver la página 143), se inspiró en el aspecto del templo budista de Borobudur (edificado entre el año 800 y el 1100 en la isla de Java, en Indonesia), y decidió incluir en su concepción principios teosóficos presentes en las creaciones de los arquitectos estadounidenses Louis Sullivan (1856-1924) y Frank Lloyd Wright (1867-1959), cuyo uso de las proporciones, los materiales, los colores y los símbolos sugiere la presencia de lo divino. De esta manera, se explican las numerosas particularidades del edificio De Bazel, cuyo plano se organiza en torno a dos tragaluces, así como la gran cantidad de símbolos que el arquitecto decidió incluir en su última creación.

En primer lugar, muchos de los elementos decorativos hacen alusión a las actividades de la NHM y, en particular, a las colonias. A ambos lados de la puerta de entrada, podemos observar dos estatuas femeninas: una de ellas, dormida, representa Asia; la otra, despierta, personifica Europa. También encontramos, en lo alto de la fachada, tres representaciones de gobernadores generales de las Indias neerlandesas que recuerdan la intensa actividad comercial de la sociedad. Un conjunto escultural situado en el ángulo del edificio rinde a su vez homenaje a los comerciantes y marineros. Respecto a la tonalidad de la

pintura verde de las diferentes salas, esta era un indicativo de la jerarquía de la organización. Cuanto más oscuro era el verde, más alto era el cargo que ocupaba la sala.

Pero además de esto, de Bazel, que era teósofo y masón, decidió incluir también una cantidad importante de símbolos esotéricos en la decoración del interior (en particular el reloj de arena, símbolo de la fugacidad, la cruz isósceles, que representa la igualdad de la materia y el espíritu, y la escalera, que evoca el desarrollo personal). Al mismo tiempo, el arquitecto también quiso realizar un edificio que se adelantara a su época: detrás de los adornos de la fachada se esconde un ingenioso sistema de ventilación.

El edificio incluye un conducto de ventilación central y un sistema de suelo radiante. Como muchos otros arquitectos de su época, de Bazel pensaba que armonía y belleza tenían que estar presentes en cada detalle, lo cual se refleja en una esmerada decoración interior, sobre todo en suelos y techos, tapices, vidrieras (ejecutadas por Antoon Derkinderen), iluminación y mobiliario.

La Compañia de Comercio Holandesa fue fundada en 1824 por el rey Guillermo I para reactivar la economía en declive. Esta compañía tenía como objetivo apoyar el comercio internacional, en particular hacia las Indias Holandesas, que en aquella época eran colonias. Durante el siglo XX, tras la descolonización, esta organización se estructuró como un banco tradicional. Tras diversas fusiones con otros bancos se convirtió en ABN en 1964, y en ABN-AMOR en 1991.

LAS CASAS DE LA ESQUINA VIJZELGRACHT-PRINSENGRACHT

⑯

Casas de 1971, clasificadas monumento histórico

Café-restaurante Myrabelle
Vijzelgracht 1
020 624 41 09

Es difícil imaginar que en los años 1960, la esquina de esta calle era un descampado protegido con una verja. Tras la aplicación del plan de urbanismo que ensanchó la Vijzelstraat entre 1917 y 1926, y colmó el canal Vijzelgracht en 1933, Vijzelgracht se convirtió en uno de los principales ejes de circulación. Esta transformación atrajo un interés por el barrio. En 1919 se edificó el edificio De Bazel (ver pág. 179), en 1921 el hotel Carlton y, en 1962, las oficinas del futuro banco ABN-AMRO. En 1973, se amplió el banco creando así un complejo entre Keizersgracht y Prinsengracht. Este proyecto provocó numerosas protestas por temor a tener un centro urbano lleno de edificios, congestionado por el tráfico durante el día y desierto por la noche. Por esta razón, el banco tuvo que disminuir el número de plantas de su edificio. La principal consecuencia fue que la asociación para la restauración urbana, Amsterdam Maatschappij tot Stadsherstel desarrolló una política de adquisición y restauración de la parte este de la avenida. Una de las reformas más espectaculares reagrupa las casas situadas en Vijzelgracht 1, 3 y 5, así como las de Prinsengracht 646 y 648.

De este modo, en 1971, y utilizando antiguas fotografías, se edificaron 11 apartamentos, dos tiendas y un bar en unos edificios construidos siguiendo el estilo de antaño. Si no hubiese existido este deseo de conservar el encanto que otrora tuvo la ciudad, seguramente hoy habría un edificio de oficinas aquí.

EN LOS ALREDEDORES

El Museo de la Pipa (17)

Pijpenkabinet, Prinsengracht 488
020 421 17 79

El Museo de la Pipa, creado a partir de la colección privada de Don Duco, iniciada en 1969 tras descubrir pipas durante unas excavaciones arqueológicas en Ámsterdam, posee una colección única en Europa con más de 20 000 pipas, de las cuales 2000 están expuestas en una colección permanente. El museo alberga también una biblioteca con más de 4000 volúmenes.

EL MUSEO MAX EUWE

18

Un museo dedicado a la gloria neerlandesa del ajedrez

Max Euweplein 30a
020 625 70 17

El museo Max Euwe está dedicado al mejor jugador de ajedrez de la historia de los Países Bajos.

Quinto jugador en coronarse campeón del mundo de ajedrez en 1935, Max Euwe nació en 1901 cerca de Ámsterdam, donde estudió y fue profesor de matemáticas.

Se hizo famoso por aplicar su método de lógica matemática al ajedrez. Escribió más de 70 libros teóricos sobre el tema, muchos de los cuales están disponibles en el museo, en el que se hace un recorrido histórico de su carrera, así como de su contribución a la historia del ajedrez.

Además de objetos personales de Max Euwe relacionados con el ajedrez, podrás admirar tableros y piezas únicos provenientes del mundo entero. En la plaza frente al museo hay además un gran tablero con piezas gigantes para que juegue quien quiera.

Admiraal de Ruijterweg
Willem de Zwijgerlaan
Jan Van Galenstraat
Tw. Hugo de Grootstraat
Frederik Hendrikstr.
Nassaukade
Egelantiersstraat
Bloemgracht
Westerkerk
Westermarkt
Prinsengracht
Rozengracht
de Clercqstraat
Evertsenstraat
Admiraal de Ruijterweg
Marnixstraat
Singelgracht
Lauriergracht
Elandsstraat
Elandsgracht
Keizersgracht
Admiralengracht
Witte de Withstraat
Van Speijkstraat
Chassestraat
Kostverlorenvaart
Bilderdijkkade
Potgieterstraat
da Costakade
Bellamystraat
Bilderdijkstraat
Passeerdersstraat
Kinkerstraat
Nicolaas Beetsstraat
Jacob Van Lennopkanaal
Tweede Kostverlorenkade
Jan Pieter Heijestraat
Leidseplein
Weteringschans
Helmersstraat
Overtoom
Eerste C. Huygensstraat
Stadhouderskade
Eerste
P. C. Hooftstraat
Museum
Paulus Potterstraat
Stedelijk Museum
Van Gogh Museum
Vondelpark
Van Eeghenstraat
Willemsparkweg
Breestraat
Van Baerlestraat
Van de Lairessestraat
Oranje Nassaulaan
Valeriusstraat
Amstelveenseweg
Koninginneweg
R. Hartstraat
Jan Van Goyenkade
Krusemanstraat
Noorder Amstel kanaal
Apollolaan
Cornelis Lastmankade
Pieter
Olympiaplein
Rubensstraat
Gerrit Van der Veenstraat
Stadionweg
Olympiaweg
Beethovenstraat
Diepenbrockstraat
Parnassusweg
Stadionkade
Beatrixpark
Stadionplein
Zuider Amstel kanaal
Prinses Irenestraat
Strawinskylaan
N
0
100
1
2
3
4
5
6
7
8 - 16
17
18
19
20
21
22

Vondelpak y alrededores

REPRODUCCIONES EN CERÁMICA ① DE PINTURAS CLÁSICAS

Escenas de la vida holandesa en el siglo XVII

Bellamyplein 22-38
Elisabeth Wolffstraat 59
Admiraal de Ruyterweg 52-80

Al cruzar este barrio obrero de edificios de ladrillo de aspecto corriente construidos en 1904, puede que uno sienta la tentación de no detenerse. Sin embargo, cada entrada merece un desvío: hay sorprendentes pinturas de cerámica de escenas típicas de la vida holandesa del siglo XVII.

Ya sean rurales o marítimas, se inspiran en pinturas clásicas, como las representaciones de la ciudad de Harlingen (Frisia) y del navío Halve Maen (Media Luna), en el que Henry Hudson exploró en 1609 la costa este de América en nombre de la Compañía Holandesa de las Indias Orientales y remontó el río que hoy lleva su nombre.

UNA PISTA DE ESQUÍ CUBIERTA ②

Una pista de esquí en el centro de la ciudad

Ski-inn Amsterdam, W.G. Plein 281
020 607 01 48
Pedir cita

Dentro del complejo inmobiliario W.G. terrein, donde antaño se encontraba el anfiteatro del hospital universitario, hay una sorprendente pista de esquí cubierta, con capacidad para cuatro esquiadores. Un ingenioso sistema de pasillo rodante remonta al esquiador a medida que este desciende por la pista. Se puede regular la velocidad según el nivel del esquiador. Pese a todo, esta instalación es más recomendable para los principiantes que para los que desean perfeccionarse.

EN LOS ALREDEDORES

Fresco de la mujer desnuda ③

Esquina de Jacob von Lennepstraat y Nassaukade

Rombout Oomen tardó casi tres semanas en terminar una obra única: la pared pintada más grande de Ámsterdam, en la que representó a un hombre precipitándose sobre una mujer desnuda que simboliza la primavera.

De hecho, la escena está cubierta con un poema de van Lennep en honor a la primavera, titulado Aan een Roosje. La obra original mostraba genitales femeninos, lo que causó un gran revuelo... Es por ello que en 2004 ocultaron el sexo.

© FaceMePLS

LAS ESCULTURAS DEBAJO DEL VIADUCTO DE VAN BAERLESTRAAT

4

Una obra poco conocida de Hildo Krop

Au niveau de la Van Baerlestraat 1

Normalmente los transeúntes pasan rápidamente debajo de este viaducto, lugar de paso entre el parque y el corazón de la ciudad. Sin embargo, debería detenerse unos instantes: en medio del puente, debajo de las arcadas, hay, a cada lado, unas esculturas creadas en 1947 por Hildo Krop y restauradas en 2009. Representan a jóvenes padres paseando.

EN LOS ALREDEDORES

El parque Johanna ⑤

Overtoom 351-353

Escondida en la gran arteria de Overtoom, frente a la Staringstraat, detrás de una puerta, hay una pequeña calle con seis modestas casitas de obreros y no un parque como su nombre indica. En 1878, le pusieron a este pequeño barrio el nombre un poco sarcástico de «parque Johanna».

Las cuadras de Van Gendt ⑥

Overtoom 371-373

En 1876, A.L. van Gendt construyó las casas de esta encantadora callecita. Antiguamente albergaban unas cuadras, el taller de un herrador y unas oficinas. Durante mucho tiempo estuvieron deshabitadas y luego ilegalmente ocupadas, antes de ser reformadas en 2003-2004 por el estudio de arquitectura Kentie, que les devolvió su carácter de finales del siglo XIX. Hoy, el pequeño complejo alberga seis viviendas, dos tiendas, dos oficinas y la villa Spijker, una casa para niños minusválidos. Al principio de la callejuela apreciará raíles de tranvía, que se utilizaban en la época en que los tranvías eran tirados por caballos.

Versos en las aceras ⑦

En el cruce de Eerste Helmersstraat y Rheinvis Fiethstraat
Rheinvis Feithstraat 21, Pieter Langendijkstraat 54
Brederodestraat 124

Las calles del norte de Overtoom no forman un barrio particularmente poético pero el visitante curioso hallará pequeños trozos de cerámica incrustados en las aceras con letras que forman unos poemas cuyo título está escrito al final, en unas losas más grandes.

LAS ESTATUAS DE VICTOR DE STUERS Y DE PIERRE CUYPERS

8

¡Nunca pondré un pie en este claustro!

Rijksmuseum - Museumplein
rijksmuseum.nl
Tranvías 1, 2 y 5, parada Rijksmuseum

En la fachada trasera del Rijksmuseum (del lado de Museumplein), sobresalen, a media altura, dos estatuas colocadas encima de la entrada principal: representan a Victor de Stuers y a Pierre Cuypers, dos católicos limburgueses que, cada uno a su manera, estuvieron detrás de la existencia del museo.

En efecto, en 1876, Victor de Stuers (1843-1916), alto funcionario responsable de artes, favoreció la candidatura de Pierre Cuypers (1827-1921) en el concurso de arquitectura organizado por la ciudad de Ámsterdam para construir el Rijksmuseum: al compartir ambos el mismo origen y ser ambos católicos, el rey Guillermo III intentó oponerse a esta «concepción papista», como así lo llamaron entonces los críticos. El soberano protestante trató incluso desacreditar a Cuypers, alegando que no había estudiado en la prestigiosa escuela politécnica dc Delft, con una carrera de ingenería en arquitectura y aún hoy, una de las escuelas más exigentes de los Países Bajos. Bien es cierto que Cuypers, hijo de un pintor de iglesias, estudió en el colegio de Roermond, y luego en la Escuela de Bellas Artes de Amberes…

Además, sus obras arquitectónicas eran conocidas sobre todo por las iglesias, capillas y monasterios que construyó o restauró. Sin embargo, el apoyo de Stuers, que hizo caso omiso de la voluntad del rey, permitió que iniciara rápidamente las obras, y comenzara la construcción de un museo de estilo neorrenacentista.

La fe católica de Cuypers tuvo, sin embargo, profundas repercusiones en su obra, y se apartó enseguida del proyecto inicial que incluía elementos neogóticos, así como símbolos poco aceptados por los calvinistas. Asimismo, cuando el edificio estuvo terminado, Guillermo III habría afirmado: «¡Nunca pondré un pie en este claustro!». El rey se negó pues a inaugurar el nuevo museo, cuya construcción había costado unos 2,25 millones de florines, cuando el presupuesto inicial había sido de tan solo 750 000.

En 1885, el «claustro» en cuestión vio la luz. Y, aunque el museo fue restaurado entre 2003 y 2013 por los arquitectos españoles Antonio Cruz y Antonio Ortiz (habiéndose encargado las galerías interiores y la museografía al arquitecto francés Jean-Michel Wilmott), la simbología del edificio se ha visto alterada. El 13 de abril de 2013, la reina Beatriz inauguró el monumento, deslegitimando así la postura de Guillermo III.

LOS HOMBRES VERDES DEL PASAJE DEL RIJKSMUSEUM

9

Una evocación del respeto que merece el ciclo de la naturaleza

Rijksmuseum - Museumstraat 1 - rijksmuseum.nl
Tranvías 1, 2 y 5, parada Rijksmuseum

Antes de entrar al «pasaje» del Rijksmuseum por su entrada sur, casi pasan desapercibidas las discretas esculturas que enmarcan la puerta, en la base del arco que corona los capiteles de las columnas. Se distinguen, sin embargo, rostros humanos, que parecen estar cubiertos de máscaras de hojas: este rostro de apariencia singular es conocido en el folclore europeo con el nombre de «hombre verde».

Aunque estas representaciones estuvieron especialmente de moda en la arquitectura de finales del XIX (las del Rijksmuseum, de hecho, se realizaron en 1885 bajo la dirección del belga François Vermeylen), su inspiración procede de la religión de la antigua Roma (ver más abajo).

A pesar de sus orígenes paganos, esta cabeza humana cubierta de hojas se ha mantenido a lo largo de los siglos como un símbolo de renacimiento y de un nuevo comienzo, en referencia al ciclo perpetuo que se renueva cada primavera.

En este sentido, el «hombre verde», casi siempre representado de cuerpo entero, empezó a aparecer en los capiteles de las iglesias y catedrales góticas, en los que figuraba un «rey del bosque» recordando el respeto que merece la naturaleza y su ciclo. En el Renacimiento y en la época barroca, se generalizaron las máscaras de hojas y vegetación, la misma que encontramos en las esculturas del Rijskmuseum. La cabeza del «hombre verde» aparecía así en muchos edificios laicos de Europa (especialmente en el Reino Unido), e incluso en Tailandia, en la India y en Nepal.

Silvano, el espíritu de los bosques, el origen del «hombre verde»

En la antigua Roma, Silvano (del latín *Silvanus*) era una divinidad protectora de los bosques (en latín *silva*). Se le describía como uno de los hijos de Saturno o de Fauno (un nieto de Saturno), con quien se le identificaba a menudo. Al igual que Fauno, protector de rebaños y pastores, Silvano era un dios puramente romano. Guardián de los bosques, fue también, al parecer, el primero en permitir la separación de las propiedades de los campesinos. En este sentido, evoca también el concepto de formación de las primeras comunidades rurales cuya religiosidad, determinada por ciclos estacionales precisos (regidos por Saturno, dios del Tiempo), ha sobrevivido hasta ahora en la «religión popular», procedente del paganismo ancestral.

LAS OREJAS DE LA CABEZA ESCULPIDA EN LA PUERTA OESTE DEL ATRIO

⑩

Un recuerdo oculto de la teoría de la música de las esferas

Atrio del Rijksmuseum, Rijksmuseum
Museumstraat 1
rijksmuseum.nl - Abierto todos los días de 9 a 17 h
Tranvías 1, 2 y 5, parada Rijksmuseum

Al salir del atrio del Rijksmuseum por la puerta oeste en dirección a las salas dedicadas al siglo XVII, es fácil no ver una ménsula con cabeza esculpida que tiene las orejas con forma de alas.

Del mismo modo, hay otra cabeza representada en una ménsula en la entrada oeste del museo con unas orejas de un tamaño desmesurado.

Estas asombrosas representaciones se habrían inspirado en las ideas del filósofo Pitágoras (siglo VI a. C.), creador de la armonía de las esferas (o música de las esferas – ver página anexa).

Los principios de la cábala musical

La cábala musical se basa en la hipótesis de que los planetas del sistema solar, al girar, emiten un sonido que solo Dios puede oír y que es, por lo tanto, imperceptible para el oído humano (concepto de música de las esferas). En relación con este principio, las distancias entre los planetas o sus velocidades respectivas correspondían a intervalos musicales, estando la Tierra en el centro de este sistema. Según esta hipótesis, si se podían comprender y reproducir los sonidos de la creación del Universo (considerados perfectos por definición), sería teóricamente posible reproducir la armonía universal en la Tierra. Pitágoras (hacia 571 – hacia 497 a. C.), fue el primero en conceptualizar los intervalos musicales, y luego Platón (428/427 -348/347 a. C.) relacionó estos intervalos con la música de las esferas. Había nacido la música como instrumento de difusión de la armonía celestial. Un poco más tarde, con la adaptación de los intervalos musicales a los conceptos arquitectónicos (usando en ellos las proporciones que en música daban el resultado más armonioso), también se pudo aplicar estos principios en las construcciones humanas, con el fin de recrear esta armonía.

Según la leyenda, Pitágoras fue guiado por los dioses cuando descubrió las relaciones matemáticas subyacentes a los sonidos, tras haber observado la longitud de los martillos de los herreros.

Trasladó esta medida a una cuerda y, al presionar un punto situado a 3/4 de su longitud desde su extremo y al pellizcar la cuerda, constató que se oía la cuarta por encima del tono emitido por la cuerda entera. Al pellizcarla a 2/3 de su longitud, se escuchaba una quinta por encima y a la mitad (1/2), se obtenía una octava por encima del sonido original. A partir de ese experimento, los intervalos pasaron a llamarse consonancias pitagóricas.

Para los pitagóricos, de quienes Claudio Ptolomeo (hacia 90 – 169 d.C.) recogió su información astronómica, cada uno de los siete planetas del sistema solar correspondía también a una nota y a un color: el sol correspondía a la nota re y al naranja, la Luna a la nota si y al violeta, Marte a la nota do y al rojo, Saturno a la nota fa y al verde, Venus a la nota la y al azul, Mercurio a la nota mi y al amarillo y Júpiter a la nota sol y al púrpura.

Pitágoras visualizó en la Tierra la fusión de estos colores y de estas notas como un arcoíris de sinfonía musical llamado música de las esferas.

Las matemáticas y los descubrimientos musicales de Pitágoras tuvieron una influencia crucial en el desarrollo de la música, así como en la transposición de los principios numéricos a la arquitectura durante la Edad Media y el Renacimiento. La cábala musical también se encuentra en las partituras de grandes compositores, principalmente Bach, pero también Beethoven, Mozart y Wagner.

EL BUZÓN DE *LA RONDA DE NOCHE*

(11)

Un cuadro que no cabía por las puertas

Rijksmuseum
Museumstraat 1
rijksmuseum.nl - Abierto todos los días de 9 a 17 h
Tranvías 1, 2 y 5, parada Rijksmuseum

Entre los casi dos millones y medio de visitantes que acuden, cada año, a admirar la famosa *Ronda de noche* de Rembrandt, pocos se dan cuenta de la larga ranura que hay en el suelo delante del cuadro.

Coloquialmente conocida como de *brievenbus* (el buzón), esta ranura permite sacar, si es necesario, el inmenso lienzo del edificio, que se construyó alrededor del cuadro en 1906: la pintura de Rembrandt es efectivamente tan grande (363x437 cm) que no cabía por las puertas del museo.

Mientras se edificaba el pabellón que iba a acoger el cuadro, se construyó una sala alrededor del lienzo, en vez de llevarlo dentro del

edificio cuando este estuviese terminado.

Cuando la electricidad permitió al fin iluminar la obra maestra, volvieron a trasladarla a la sala donde se encuentra hoy.

Sin embargo, no se previó que tal vez algún día habría que sacar de nuevo el cuadro del museo: no fue hasta 1934, cuando las tensiones diplomáticas en Europa ya dejaban entrever el temor a la guerra, cuando se ideó la creación de este «buzón» gigante. Obviamente la salida de este «buzón» está fuera del edificio: en el lado sur del «pasaje».

En septiembre de 1939 (los Países Bajos no fueron invadidos hasta mayo de 1940), *Ronda de noche* fue trasladada en secreto y escondida en distintos lugares: primero, en el castillo Radboud de Medemblik, donde le quitaron el marco a este cuadro que pesaba de 337 kilos. Envuelto en un cilindro, el lienzo (cuyo peso alcanzaba no obstante los 170 kilos) quedó oculto en un búnker subterráneo situado en las dunas cercanas a Castricum.

Al fin, en abril de 1942, lo guardaron en unas cuevas de marga cerca de Maastricht, donde permaneció hasta el 25 de junio de 1945. Durante este oscuro periodo, giraban el valioso rollo unos grados cada día, para que el lienzo no sufriera demasiado a causa de este almacenamiento inapropiado…

El «buzón» volvió a utilizarse en 2003, cuando se inició la reforma del Rijksmuseum y el lienzo se trasladó al pabellón Philips. En 2013, cuando finalizaron las reformas, la obra maestra volvió a su emplazamiento original.

Un cuadro que perdió un metro de largo

Cuando instalaron *Ronda de noche* en el Ayuntamiento de Ámsterdam (actual Palacio en el Dam), hubo que quitarle casi un metro de largo para que pudiese caber en el espacio que había entre dos puertas… Así, el cuadro, que al principio contaba con 32 personajes, perdió tres. Existe una copia de la obra original, realizada a escala reducida en 1647 por Gerrit Ludens, expuesta junto al cuadro de *Ronda de noche*, lo que permite conocer la escena original pintada por Rembrandt.

LAS ESTATUAS DORADAS DE LA SALA DE *RONDA DE NOCHE*

(12)

Un discreto recuerdo de la técnica del claroscuro

Rijksmuseum
Museumstraat 1
rijksmuseum.nl - Abierto todos los días de 9 a 17 h
Tranvías 1, 2 y 5, parada Rijksmuseum

En la sala de *Ronda de noche*, uno rara vez se percata de las cuatro estatuas doradas que representan una discreta evocación del dominio que había adquirido Rembrandt de la técnica del claroscuro, inspirada en el *caravaggismo*: estas cuatro alegorías personifican la intensidad de la luz en distintos momentos del día: se reconoce la Mañana (que sostiene una rosa y levanta su velo), el Día (con un cetro y rodeado de los rayos del sol), la Tarde (cubierta con un velo, y llevando unas flores y un ramo de olivo, símbolo de la paz) y la Noche (envuelta en un manto salpicado de estrellas y con una antorcha en la mano).

EN LOS ALREDEDORES

Las máximas de Joost van den Vondel (13)

A lo largo del «pasaje» del Rijksmuseum, las diferentes máximas del dramaturgo y poeta Joost van den Vondel (1587-1679) manifiestan el deseo de Cuypers de educar al pueblo. Se lee, por ejemplo: «Es ridículo que un clérigo loco quiera volar sin alas», «Nada se puede hacer con palabras», o «Dibujar es hablar y escribir al mismo tiempo».

¿Por qué hay una escalera de caracol en una torre del Rijksmuseum?

El tejado del Atrio, de hierro fundido y vidrio, está tal vez inspirado en el famoso Crystal Palace edificado en Londres en 1851, que albergó la primera exposición universal. Tres décadas después, la combinación de estos dos materiales seguía conservando un carácter decididamente «moderno», y presentaba la ventaja de proporcionar mucha luz (el Rijksmuseum no tuvo iluminación eléctrica hasta 1904). La relativa fragilidad de esta cubierta, sin embargo, no le permitía aguantar el peso de una capa de nieve demasiado gruesa: es por ello por lo que colocaron una escalera de caracol en la torre (hoy cerrada), para que, en caso necesario, los equipos encargados de quitar la nieve pudiesen acceder fácilmente al tejado.

Una lámpara de araña que absorbe el ruido

Obsequio de la empresa Philips, la lámpara de araña del vestíbulo del museo tiene la particularidad, gracias a su estructura de tablero de fibra de densidad media (un contrachapado especial hecho de madera y resina), no solo de iluminar sino también de absorber el ruido, de gran importancia en un atrio tan amplio.

LOS SÍMBOLOS DEL GRAN VESTÍBULO DEL RIJKSMUSEUM

(14)

Una representación simbólica del universo

Gran vestíbulo
Rijksmuseum
Museumstraat 1
Abierto todos los días de 9 a 17 h
Tranvías 1, 2 y 5, parada Rijksmuseum

Por lo general nadie sabe que Cuypers, el arquitecto del museo, diseñó el gran vestíbulo, situado en la primera planta del Rijskmuseum, como un tríptico que representa el universo. Los mosaicos del suelo representan los aspectos terrestres de la vida y de los ciclos que rigen la existencia humana (principalmente los de la naturaleza, el sol, la luna y el tiempo, representados por los signos zodiacales, así como por las plantas y los animales).

La decoración del techo evoca el cielo y sus planetas. En cuanto a las vidrieras y a las pinturas sobre lienzo que ocupan el espacio central, ilustran la historia neerlandesa. No obstante, en esta composición, más compleja de lo que parece, hay otros detalles que merecen ser observados. Cabe señalar especialmente una representación de los cuatro elementos en el suelo del lado oeste: el elefante simboliza la tierra, el pez el agua, el pájaro el aire y la salamandra el fuego. Alrededor de estas figuras, las cuatro estaciones están representadas por la flor (la primavera), el trigo (el verano), los racimos de uva (el otoño) y la hiedra (el invierno). De camino al centro del vestíbulo, hay una evocación del cosmos con las letras alfa y omega del alfabeto griego, que señalan el principio y el fin del universo. Estas letras, rodeadas de los signos del zodiaco, simbolizan la eternidad y la perfección, mientras que los círculos ondulados, que rodean estos símbolos, aluden a los cuatro ríos del paraíso. En las cuatro esquinas, Venus (representada

por una paloma), Júpiter (en forma de águila), así como el sol y la luna, representan el cielo. Al llegar al lado este de la sala, descubrimos un nuevo ciclo del hombre, representado por un niño, un adolescente, un adulto y un anciano. Cuatro animales simbolizan el tiempo que pasa: el gallo (la mañana), la abeja (el día), el búho (la tarde) y el murciélago (la noche).

EN LOS ALREDEDORES

El dedo del pasaje del Rijksmuseum ⑮

En el «pasaje» del Rijksmuseum, la representación de un dedo dorado, en una columna del lado sur, data de otra época. Se trata de una particular señal del código de circulación que debían respetar los carruajes (como así lo indica la inscripción *inrijden*, entrar [por este lado]) que ordenaba mantenerse a la derecha.

Las estrellas de David de la Galería de Honor ⑯

Galería de Honor del Rijksmuseum
Rijksmuseum
Museumstraat 1
Abierto todos los días de 9 a 17 h
Tranvías 1, 2 y 5, parada Rijksmuseum

Al recorrer la Galería de Honor del Rijskmuseum, tal vez uno se sorprenda de ver varios hexagramas en las columnas y en el techo. Aunque la tradición contemporánea ya asocia este símbolo con la estrella (o con el escudo) de David, y por lo tanto con la religión judía, en realidad se trata de un símbolo muy antiguo que Cuypers, el arquitecto del museo, apreciaba especialmente (ver siguiente página doble).

El hexagrama, ¿un símbolo mágico?

El hexagrama, también conocido como Estrella de David o Escudo de David (*Magen David*), está formado por dos triángulos equiláteros entrelazados (uno apunta hacia arriba y el otro hacia abajo) que simbolizan la naturaleza espiritual y la naturaleza humana del hombre. Sus seis puntas corresponden a las seis direcciones en el espacio (norte, sur, este, oeste, cénit y nadir) y muestran el movimiento universal completo de los seis días de la Creación; el séptimo día, el Creador reposó. En este contexto, el hexagrama se ha convertido en el símbolo del macrocosmos (seis ángulos de 60 grados forman 360 grados) y de la unión del hombre con su Creador. Como señala el Antiguo Testamento (Deuteronomio, 6:4-8), el hexagrama, que los judíos asociaban con la mezuzá, adornaba a menudo la entrada de las casas judías, pero también era utilizado con frecuencia como amuleto por los pueblos cristianos e islamistas, por lo que no se trata de un símbolo exclusivamente judío. El Corán (XXXVIII, 32 y sigs.) y *Las mil y una noches* lo presentan como un talismán indestructible que permite disfrutar de la bendición de Dios y ofrece una protección total contra los espíritus de la naturaleza, los djinns. También aparece con frecuencia en las vidrieras y frontones de las iglesias cristianas, como una referencia simbólica al alma universal que, en este caso, está representada por Cristo, o a veces, por el binomio Cristo (triángulo superior) –María (triángulo inferior). El resultado de la unión de ambos es el Padre Eterno Todopoderoso. El hexagrama también suele aparecer con forma de estrella de seis puntas y de roseta de seis pétalos. Aunque está presente en la sinagoga de Cafarnaún (siglo III a. C.), el hexagrama no aparece en la literatura rabínica hasta el año 1148, precisamente en el libro *Eshkol ha-Kofer* del sabio caraíta* Judah ben Elijah. El capítulo 242 le da un carácter místico y protector, y suele estar grabado en los amuletos: "Siete nombres de ángeles preceden la mezuzá... Lo eterno te protegerá y este símbolo llamado 'El Escudo de David' está emplazado al lado del nombre de cada ángel". En el transcurso del siglo XIII, el hexagrama se convirtió también en el atributo de uno de los siete nombres mágicos de Metatrón, el ángel de la presencia asociado al arcángel san Miguel, el jefe de las milicias celestes y el más cercano al Dios Padre. Sin embargo, la identificación del judaísmo con la Estrella de David comenzó en la Edad Media. En 1354, el rey Carlos IV (Karel IV) concedió a la comunidad judía de Praga el privilegio de tener su propia bandera. Los judíos confeccionaron entonces un hexagrama en oro sobre fondo rojo al que llamaron la bandera del rey David, y que se convirtió en el símbolo oficial de las sinagogas de la comunidad judía en general. En el siglo XIX, este símbolo se difundió por todas partes. La mística judía sostenía que el origen del hexagrama estaba directamente relacionado con las flores con forma de lirio de seis pétalos que adornan la menorah**. Para quienes creían en este origen, el hexagrama había sido creado por las manos del Dios de Israel, ya que el lirio de seis pétalos, cuya forma recuerda a la Estrella de David, es identificado con el pueblo de Israel en el Cantar de los cantares. Aparte de su función protectora, el hexagrama poseería también un poder mágico: esta fama le viene de la célebre Clavícula de Salomón, un grimorio atribuido al rey Salomón pero cuyo origen se remonta, aparentemente, a la Edad Media. Este libro de fórmulas mágicas de autor anónimo proviene probablemente de una de las numerosas escuelas judaicas de estudios cabalísticos que existían entonces en Europa, ya que el texto está claramente inspirado de las enseñanzas del Talmud y de la Cábala judía. Esta obra contiene una selección de 36 pentáculos (símbolos cargados de significado mágico o esotérico) destinados a crear una comunicación entre el mundo físico y los planos del alma. Existen varias versiones de este texto, en varios idiomas, y el contenido varía de una a otra, pero la mayoría de los textos originales que aún existen datan de los siglos XVI y XVII, aunque existe también una traducción griega del siglo XV. En el Tíbet y en la India, las religiones budistas e hinduistas utilizan también este símbolo universal del hexagrama, que consideran como el símbolo del Creador y de la Creación, y que los brahmanes consideran el emblema del dios Vishnu. Al principio, los colores de los dos triángulos entrelazados eran el verde (triángulo superior) y el rojo (triángulo inferior), pero luego fueron sustituidos por el blanco que representa la materia y el negro, el espíritu. Para los hinduistas, el triángulo superior del hexagrama simboliza a Shiva, Vishnu y Brahma (Espíritu Santo, el Hijo y el Padre). Cabe destacar que el Hijo (o Vishnu) ocupa siempre la posición central: es el intercesor entre lo divino y lo terrestre.

** Qaraim o bené mikrá: "Seguidores de las Escrituras". El caraísmo es una ramificación del judaísmo que defiende la autoridad única de las escrituras hebraicas como fuente de revelación divina.*

*** Menorah: candelabro dorado de siete brazos que representan a los siete espíritus ante el trono: Miguel, Gabriel, Rafael, Samael, Zadkiel, Anael y Cassiel.*

LAS CERÁMICAS DEL HOTEL ATLAS

17

Modernismo en Ámsterdam

Hotel Atlas
Van Eeghenstraat 64

El hotel Atlas se encuentra en una preciosa villa construida en 1903 por el arquitecto Joseph Herman. Tiene, al igual que las casas de alrededor, unos magníficos ornamentos en cerámica.

No dude en admirarlos desde la calle (Van Eeghenstraat y Jacob Obrechtstraat), así como desde el parque, por la noche, cuando están iluminados. Las cerámicas Art Nouveau de la villa del número 66 son obra de Bert Nienhuis y recuerdan temas exóticos, como las decoraciones de las capuchinas amarillas, símbolo de las Indias Orientales, y los marabúes rodeados de nenúfares. En el panel de la izquierda, se lee la palabra Lotus, la fábrica donde se fabricaron estas cerámicas y donde Nienhuis trabajaba como decorador. A un lado verá otros dos hermosos paneles, con un pavo rodeado de nenúfares y una figura de mujer.

En la casa del número 64, observará cuatro retratos orientales. Y, en el número 62, donde los ornamentos están peor conservados, los motivos florales constan de flores exóticas violetas.

Hacer el amor al aire libre en Vondelpark

En neerlandés, *Cruisen* no tiene nada que ver con irse de crucero: sencillamente se refiere a practicar sexo en un lugar público. Ante esta práctica ampliamente extendida en Vondelpark y considerando esta situación de hecho, el ayuntamiento optó por legalizarla permitiendo retozar al aire libre bajo ciertas normas: respetar los horarios autorizados, hacerlo fuera de las zonas de juego y sólo cuando no hay niños en el parque; *«doing it in the park, doing it after dark»* (*«hágalo en el parque, hágalo después del anochecer»*). Queda terminantemente prohibido tirar desechos, como los preservativos, así como prostituirse y exhibirse.

Según un estudio reciente sobre las molestias en Vondelpark, resulta que los paseantes que llevan perros sin atar molestan más que la gente que practica sexo al aire libre. ¡La municipalidad va a ser mucho más severa con los perros sueltos!

LA COMISARÍA DEL BARRIO OUD ZUID

(18)

La antigua cuadra de los caballos del tranvía

Politiebureau
Koninginneweg 29-31

La comisaría del barrio Oud Zuid está ubicada en un hermoso edificio construido en 1893 por el arquitecto A.L. van Gendt, como si de un pequeño hotel se tratara, y que antaño albergó la estación terminal de la línea 2 del tranvía.

Se han conservados los dos portones. Son especialmente altos ya que, por un lado, debían entrar los tranvías a las cocheras y, por el otro, estaban las cuadras de los caballos que tiraban de ellos. En las cuadras, con capacidad para 81 caballos, se les atendía y alimentaba. También se lavaban los coches del tranvía.

En aquella época, más allá de este punto no había más que pantanos, por lo que el trayecto del tranvía acababa aquí, siendo la cochera el final de la línea. A principios del siglo XX, los tranvías fueron electrificados.

Sin embargo, se mantuvo el final de la línea hasta 1948, momento en que las líneas fueron prolongadas. Naturalmente el edificio cambió de funciones y en 1933 albergó una comisaría de la policía montada: los caballos por un lado y los agentes de policía por el otro. Hoy, se han sustituido las puertas por ventanas, y la comisaría sigue aquí.

Se nota cómo el tranvía traquetea y da un giro cerrado cuando entra en Koninginneweg: sigue el antiguo dique Binnendijk.

EN LOS ALREDEDORES

La palmera de Konningslaan ⑲

Koningslaan 16

Debido a su riguroso clima, Ámsterdam tiene pocas plantas exóticas. Sin embargo, la calle Koningslaan es lo suficientemente ancha y los edificios lo bastante bajos para obtener una óptima insolación del lado de la fachada sur. Del lado de la calle admire la magnífica palmera de China que puede llegar a soportar temperaturas de hasta 15 grados bajo cero.

LAS ANTIGUAS CASAS DE HUÉRFANOS

⑳

Una fuente de inspiración para la arquitectura escolar en el mundo entero

IJsbaanpad 3

De 1960 a 1991, las «casas de huérfanos» sustituyeron al antiguo orfanato municipal, que anteriormente se encontraba en el centro de la ciudad. Construidas en 1959-1960 por el arquitecto Aldo van Eyck (1918-1999) siguiendo el movimiento arquitectónico del estructuralismo, su diseño se inspiró en las aldeas tradicionales africanas, de las que son una

interpretación moderna. Aunque cerró finalmente en 1991, las antiguas dependencias del orfanato fueron conservadas y convertidas en oficinas.

Van Eyck empezó a diseñar los planos del nuevo orfanato en 1955. Su planteamiento se inspiró en el trabajo que había realizado para las escuelas de Nagele, una nueva ciudad construida en los pólderes a principios de la década de 1950. En contra de las tendencias de la época, el arquitecto creó un auténtico pueblecito formado por 328 casas de una sola planta dispuestas en torno a patios pequeños y zonas de recreo. Tal como quería Van Eyck, el aspecto de estas casas recuerda al de las cabañas africanas: son estructuras cuadradas de 3,36 metros de largo, con tejados abovedados de hormigón.

Más allá de la innovación arquitectónica, es evidente que Van Eyck quería revolucionar el diseño de los orfanatos inspirándose en las ideas estructuralistas: a sus ojos, los 125 niños alojados en la aldea debían ser considerados a la vez individuos y grupo. Su obra, considerada el primer ejemplo de arquitectura estructuralista, ha sido fuente de inspiración para la arquitectura escolar en el mundo entero.

El estructuralismo

El estructuralismo es un movimiento intelectual del siglo XX que busca analizar las relaciones existentes entre los elementos de un sistema y el sistema en sí: el ejemplo por excelencia es la colmena, con su estructura de panal y la organización interna que impone a las abejas que habitan en ella.

LA ESCUELA AL AIRE LIBRE

21

Aprender al aire libre...

1e Openluchtschool voor het Gezonde Kind
Cliostraat 36-40

La Escuela al Aire Libre (*Openluchtschool*) tiene una arquitectura muy interesante, por lo que merece la pena echarle un vistazo. Construida en 1930 por el arquitecto Johannes Duiker, está escondida en un patio, detrás de la Cliostraat, y está integrada en el proyecto de construcción del Nieuw Zuid de H. Berlage. Es un claro ejemplo del movimiento *Nieuwe Bouwen* (Nueva Construcción) de los años 1920-1940. Johannes Duiker es una de las figuras de la arquitectura funcionalista holandesa del periodo de entreguerras. Influenciado por Frank Lloyd Wright y Le Corbusier, preconizó una arquitectura vanguardista para una sociedad utópica que dejó huella en la arquitectura neerlandesa. Este espíritu queda reflejado en las construcciones de Aldo van Eyck. A pesar de que el edificio de la Escuela al Aire Libre es funcional, se ha puesto especial énfasis en hacernos comprender que la arquitectura puede contribuir a la higiene, condición esencial para el bienestar del cuerpo.

Para Duiker, la arquitectura contribuye, al igual que los métodos de enseñanza, al éxito escolar, ya que el desarrollo del espíritu no puede darse sin el desarrollo del cuerpo. La construcción, inspirada en los transatlánticos –lo que garantiza mucha luz y aire– tiene una forma sorprendentemente pura: un cubo semi cubierto, con formas rectas, sin rincones que acumulen polvo o ácaros. En la planta baja del edificio principal hay un aula y un gimnasio.

Cada planta tiene dos aulas, orientadas hacia el sur, con un espacio adicional que permite dar clase al aire libre. También se pueden dar clases fuera, en la terraza del tejado. El utilitarismo es una constante en la arquitectura de este movimiento. Sin embargo, si el sanatorio de Hilversum, construido por Duiker en 1925, acogía a personas enfermas, la Escuela al Aire Libre fue el primer edificio de este movimiento en acoger a niños sanos.

De ahí el nombre de *Openluchtschool voor het gezonde kind* (Escuela al aire libre para los niños sanos). Hoy este edificio, clasificado monumento histórico, sigue siendo una escuela, la *1e Openluchtschool.*

EL MONUMENTO CONMEMORATIVO DE LAS INDIAS NEERLANDESAS

22

Uno de los escasos símbolos del periodo colonial

Monument Indië Nederland
Olympiaplein

Este imponente monumento conmemorativo de las Indias Neerlandesas es uno de los símbolos del periodo colonial de los Países Bajos y su cambio de nombre muestra la evolución en el modo de pensar de la sociedad holandesa con respecto a la colonización. Houtman, futuro capitán de la V.O.C. (ver pág. 21), descubrió Indonesia en 1596. Se inició rápidamente el comercio en el puerto de Bantam y en el de Batavia, la actual Yakarta, tomada a los ingleses en 1619 por el gobernador y general Jan Pietersz. Coen. Cuando la V.O.C. quebró, el reino de Holanda se hizo cargo de las deudas y pertenencias. El gobernador y general J. van den Bosch aprovechó su experiencia en las Indias Occidentales para poner en marcha el cultivo de la caña de azúcar con mano de obra esclava. Este nuevo tipo de colonización era muy rentable. En 1830 se creó, una armada especial, la KNIL (*Koninklijk Nederlands-Indisch Leger* – Armada Real de las Indias Neerlandesas), para ocupar todo el archipiélago. Ocupación violenta, en particular durante la guerra de Atjeh en Sumatra (1873-1903) donde el general J.B. van Heutsz, entonces comandante de la KNIL, destacó por sus esfuerzos de pacificación.

En 1904, fue nombrado gobernador y general de las Indias Neerlandesas y fijó las fronteras del país. Murió en Suiza en 1924. Tres años después de su muerte, fue enterrado en Ámsterdam en el cementerio del Este. Su sepultura resultó menos costosa de lo previsto, por lo que se decidió utilizar lo que quedaba de dinero para dedicarle un monumento. Como la opinión en torno al tema de la colonización era ambivalente, la construcción de un monumento en honor a van Heutsz en Ámsterdam suscitó violentas protestas por parte de los comunistas y social-demócratas. La obra de Frits van Hall fue sin embargo inaugurada el 15 de junio de 1935 por la reina Guillermina, en presencia de la princesa Juliana y del primer ministro Colijn. El monumento se compone de una columna conmemorativa de 18,7 metros de altura. Delante hay una alegoría a la Justicia: una mujer sosteniendo el rollo de la Ley, rodeada por dos leones.

Un monumento que ha cambiado de nombre

A lo largo de los decenios, este monumento fue objeto de numerosas controversias, ya que las acciones de la KNIL habían sido finalmente consideradas crímenes de guerra. En 2007, la ciudad restauró el monumento y éste fue rebautizado como *Monument Indië-Nederland* (Monumentos de las Indias – Países Bajos). Toda referencia a van Heutsz ha desaparecido salvo la placa con su retrato.

Fuera del centro - Norte

Middenweg
A 10
Slochterweg
Ijdoornlaan
Leeuwarderweg
Klaprozenweg
Flora
Park
Nieuwe
W. H.
Vliegenbos
Westerdoksdijk
Hendrikkade
De Ruyterkade
Het IJ
A 10
1
2
3
4
5
6
7
8
9

LA ZONNEHUIS

1

Un testigo poco conocido del estilo de la Escuela de Ámsterdam

Zonnehuis, Zonneplein 30
020 631 51 52
Los horarios de apertura pueden consultarse en cultuurhuisnoord.nl/agenda

A pesar de su aspecto monumental y de estar cercar del centro de la ciudad, la «casa del Sol» (Zonnehuis) sigue siendo uno de los ejemplos menos conocidos del estilo de la Escuela de Ámsterdam: construida en 1932 por el arquitecto Jakoba Mulder, esta sala comunitaria estaba destinada a acoger a los nuevos residentes de la ciudad jardín de Oostzaan, sobre todo a los trabajadores de los astilleros NDSM. De acuerdo con el pensamiento de la época, la educación de la clase obrera debía lograrse mediante actividades culturales colectivas, que se ofrecían en estos espacios colectivos.

Además, en el contexto de la crisis financiera de los años 1930, estos edificios tenían la ventaja de dar trabajo a los desempleados locales.

Las dimensiones de la Zonnehuis son verdaderamente impresionantes: este edificio en forma de T alberga una sala con aforo para 700 personas, donde se organizaban eventos tan variados como representaciones teatrales, conciertos, recitales y combates de boxeo. Arquitectónicamente, el aspecto monumental del edificio se acentúa sobre todo por la altura de los techos y la anchura de la escalera de piedra que conduce a las puertas de entrada. Además, la mampostería, las ventanas estrechas y la tipografía de la inscripción de la fachada hacen de la Zonnehuis un ejemplo perfecto del estilo de la Escuela de Ámsterdam.

A pesar de su indiscutible valor histórico, el edificio estuvo a punto de ser demolido en 1993, y no fue hasta 2002 cuando el ayuntamiento restauró el teatro a su estado original. Desde entonces, la «casa del Sol» acoge regularmente exposiciones y veladas musicales.

> Aquí se siguen celebrando las eliminatorias del Memorial Ben Bril, en honor al boxeador neerlandés que destacó en los Juegos Olímpicos de 1928.

EN LOS ALREDEDORES

Una vivienda obrera de los años 1920 ②

Museumwoning Tuindorp Oostzaan, Meteorenweg 174
020 633 49 76
historischarchief-toz.nl/Museumwoning.htm
Segundo domingo de mes, de 11 a 17 h, o mediante cita previa

Conservada en su estilo original, esta vivienda ofrece una visión de las condiciones de vida poco envidiables de los trabajadores en los años 1920. Películas de la época, proyectadas en el salón, completan esta pequeña exposición.

LAS VIEJAS CASAS DE BUIKSLOOT

③

Casas milagrosamente salvadas

Buikslooterdijk, desde el número 138 hasta el final de la calle

El pueblo de Buiksloot se construyó en el siglo XV sobre el dique Waterlandse Zeedijk, que protegía del mar las tierras situadas al norte del IJ. Sus casas de madera albergaban una población que vivía de la agricultura y de la pesca.

Más adelante, Buiksloot se convirtió en un importante cruce de carreteras: aunque ya existía un transbordador a Ámsterdam, en 1622 se construyó una carretera a Purmerend. Luego, en 1660, se construyó una ruta navegable hasta el canal Noordhollandsch (ampliado en 1825).

En 1921, el antiguo pueblo pasó a pertenecer a Ámsterdam. Por último, en 1965 se demolió gran parte del dique para reorganizar el tráfico rodado hacia el norte de la ciudad. En cuanto a los pólderes que había detrás del dique, dejaron paso a la urbanización de Banne.

Sorprendentemente, estos cambios han mantenido intactas algunas de las casas antiguas de Buiksloot: las más interesantes son las situadas en los números 138, 174, 194, 200, 204, 214, 224, 280, 284, 330, 340, 390 y 402. Algunas han conservado sus estructuras de madera del siglo XVIII, apoyadas en una base de ladrillo, así como los frontones de madera pintada, principalmente con campanas.

EN LOS ALREDEDORES

Las dos estaciones de bombeo de Kadoelerbreek ④

Landsmeerderdijk 138

Las dos estaciones de bombeo de Kadoelerbreek ocupan el emplazamiento de un antiguo molino, cuya función era extraer agua del pólder mediante de una acequia a otra. En 1875, el antiguo sustituyó por una estación de bombeo de ladrillo con una máquina de vapor. La nueva instalación, instalada en 1987 funciona con electricidad.

Álamos en diques

Los álamos son árboles de crecimiento rápido que pueden alcanzar los 40 metros de altura y vivir hasta 200 años. La razón por la que son tan comunes en los diques de los Países Bajos es que ofrecen una solución eficaz para eliminar el agua circundante. Los álamos consumen 3 litros de agua al día por centímetro de diámetro de tronco.

SCHOONSCHIP

⑤

Un barrio 100 % ecológico con villas ecológicas sobre el agua

Johan van Hasseltkanaal
Amsterdam Noord
Ferry desde la Estación Central, dirección Buiksloterweg

En el barrio de Schoonschip, 46 familias ya eran amigas antes de convertirse en vecinas: la mayoría de los propietarios actuales se asesoraron durante más de 10 años para obtener el permiso de construir sus villas en 30 parcelas de agua. Las villas suelen ser de madera, que retiene los gases de efecto invernadero, aunque hay algunas hechas con materiales que consumen más energía, como el hormigón. Los residentes han optado por materiales renovables, y una de las propietarias ha aislado sus paredes exteriores (de 40 centímetros de grosor) con paja, una auténtica inversión.

Las villas están dispuestas de forma que captan la máxima luz solar posible, cargando así los 500 paneles solares que cubren los tejados (un tercio de los cuales también están cubiertos de vegetación), y cada villa tiene un calentador de agua solar, una batería y una bomba de calor que se alimentan del agua del canal para calentar la vivienda.

Todas las casas tienen termostato y acumuladores de agua caliente y fría. La primera se utiliza para regar las plantas y la segunda se reutiliza en el interior, para las duchas, por ejemplo. Todas disponen de inodoros ecológicos, que usan poca agua de descarga y están equipados con un desagüe adicional para transportar las aguas residuales a un depósito que hay en el barrio, donde fermentan antes de producir biogás una vez eliminadas las sustancias nocivas. Cada cocina dispone de una trituradora para los residuos verdes, que a su vez contribuyen a la formación de biogás, sobre todo de fosfato, que escasea y se utiliza para producir estiércol. Por último, el biogás se convierte en electricidad para uso doméstico o como combustible. El embarcadero sirve de infraestructura de almacenamiento para la electricidad y las tuberías de agua. En un futuro, los residentes esperan poder compartir sus bicicletas y coches eléctricos, y tienen planes para cultivar un huerto ecológico común.

LA «CASA PORCHE» DE NIEUWEDAM

⑥

Una ciudad jardín del estilo de la Escuela de Ámsterdam

Poortwoning, Purmerplein

La curiosa «casa porche» que da a la plaza Purmeplein en Nieuwendam refleja tanto un estilo arquitectónico como un contexto socioeconómico particulares: el periodo de entreguerras fue en efecto el

de las ciudades jardín (*tuindorpen*), destinadas a ofrecer a los obreros un entorno de vida agradable y asequible.

Aunque la idea de estas ciudades nació en Inglaterra a finales del siglo XIX*, los Países Bajos la adoptaron rápidamente: desde 1909, el Ayuntamiento de Ámsterdam se inspiró en ella para proyectar la construcción de viviendas del otro lado del IJ, cerca de los astilleros. La Primera Guerra Mundial retrasó la ejecución de este programa, que no pudo iniciarse hasta principios de los años 1920. Entretanto, tras las inundaciones de 1916, varios pueblos pidieron formar parte de Ámsterdam, por lo que fue en estos barrios donde se puso en marcha el proyecto.

Así, la localidad de Nieuwendam, que pasó a formar parte de Ámsterdam en 1921, se transformó entre 1923 y 1927, antes de ampliarse en 1934. Berend Boeyinga, encargado del plan de urbanismo, quiso que su «casa porche» se convirtiera en un centro destinado a actividades colectivas. La arquitectura de este monumento, como la de la Tuindorp Nieuwendam, proviene de los cánones de la Escuela de Ámsterdam: la estructura de ladrillo salpicada de pequeñas ventanas permite crear un espacio cerrado, alrededor de una plaza que constituye el centro vital del barrio. Además, el estilo de los edificios (tejas rojas, fachadas de madera pintadas de blanco) se inspira sutilmente en el de la casa vecina de Zandaam.

Esta «ciudad jardín» alberga unos 300 monumentos, como las preciosas casas de Purmerweg (declaradas monumento histórico), y el sorprendente monumento a los caídos situado en la esquina de Volendammerweg y Monnikendammerweg.

* *Desarrollada principalmente por E. Howard en su novela* To-morrow: un camino pacífico hacia la reforma real, *publicada en 1898.*

La escuela de Ámsterdam

El movimiento artístico conocido como Escuela de Ámsterdam data de principios del siglo XX. Muy cercano a corrientes como el expresionismo o el art decó, se desarrolló en combinación con la arquitectura de Hendrik Berlage. La Escuela de Ámsterdam se caracteriza por sus motivos exóticos, sus abundantes adornos en forma de bajos y altorrelieves –presentes en numerosas obras del escultor Hildo Krop–. Se «juega» con el ladrillo, que se coloca, de manera alternativa, horizontal o vertical, rojo o amarillo, creando formas redondas nada habituales, donde los muros están perforados de pequeños agujeros. La bolsa de cambio, en el Damrak, es el primer edificio de Berlage. Abierta en 1903, representa el punto de partida de un nuevo periodo estilístico para diversos arquitectos que aspiraban a un ideal. Mencionaremos a los más famosos, como J.M. van der Mey, los hermanos van Gendt, P.L. Kramer y M. de Klerk, que destacaron con la edificación de la casa de los Armadores. Una de las características de este estilo es el deseo de obtener una armonía total entre el interior y el exterior de un edificio.

Hacia 1900, el ayuntamiento encargó a Berlage el diseño de un proyecto urbanístico para ampliar la parte sur de Ámsterdam. Finalizado en 1915, el proyecto de Berlage favorecía supuestamente el nacimiento de una nueva sociedad ordenada y sin clases sociales, que permitía al trabajador acceder al arte y a la cultura a través de las esculturas integradas en todos los elementos cercanos a las viviendas como, por ejemplo, los puentes. Siguiendo esta idea, colocó las bibliotecas en el centro del barrio. El edificio en sí tenía pocas ventanas para dejar espacio a los numerosos elementos decorativos, como las esculturas en bajorrelieve de las paredes.

Berlage estudió en Suiza y se relacionó con el barón Hausmann en París, de quién copió las arterias anchas y los cruces en forma de T, y exigió que el conjunto del proyecto fuera desarrollado y ejecutado de una sola vez, bajo la supervisión de una comisión de estética y de una comisión de contornos que controlaban los perfiles de las calles, la altura de las fachadas y las pendientes de los tejados.

Por lo general, sus bloques de viviendas tienen cuatro plantas.

El material es idéntico, y sin embargo, cada calle es distinta: por ejemplo, la *Churchill-laan* se caracteriza por la variación de las entradas y de las esquinas de las calles.

Los monumentales bloques de viviendas, todos diferentes –para que cada parte del barrio tuviera su propio carácter–, tenían a menudo un jardín público en el centro.

Se encuentran numerosos elementos decorativos como motivos

geométricos, parábolas y formas trapezoidales, en los materiales de construcción y en las ventanas. En 20 años, centenares de edificios y millares de viviendas fueron construidos, generalmente con muy buena calidad, conjugando unidad y diversidad.

NIEUWENDAMMERDIJK

⑦

Los vestigios de un pueblo-dique de la Edad Media

Números 72 a 359

La aldea de Nieuwendam, que data del siglo XIV, estuvo a punto de desaparecer varias veces. Arrasada por los españoles en 1573, sufrió numerosas y dramáticas inundaciones que, de hecho, le dieron su nombre: en 1516, se construyó aquí un nuevo dique (*Nieuwendam*) tras romperse el primero. Hoy, el pueblo conserva una parte de su antiguo encanto, incluso tras pasar a formar parte de Ámsterdam en 1921. Era aquí, en efecto, donde se instalaban los capitanes de barco jubilados, para poder disfrutar de unas vistas despejadas del Zuiderzee.

Algunas casas de madera pintadas de verde siguen siendo un reflejo de la era preindustrial, donde los molinos servían para aserrar la madera y moler el grano. A la altura del número 253 de Nieuwendammerdijk, el camino Molenpad recuerda, por su nombre, los ocho molinos de viento que hubo aquí en el siglo XVIII; hoy está salpicado de preciosos jardines y termina en el pequeño puente de los pollos (Kippenbruggetje, que lleva a la ciudad jardín de Nieuwendam (ver pág. 188).

Gracias al desarrollo del comercio del grano, el siglo XIX fue el siglo del auge económico de Nieuwendam: mientras que el puerto del pueblo rivalizaba con el de Ámsterdam, algunas casas de madera fueron sustituidas por construcciones de ladrillo, más resistentes a la humedad (sus fachadas destacan por sus gabletes con forma de campana o por sus frisos Imperio, como en el n.º 359).

Desde esta época dorada, varios graneros de cereales han sido transformados en viviendas: en el n.º 262 hay un gran almacén de madera de 1870 y, en los n.ºs 248-250, el almacén de piedra *Insulinde*, construido en 1886.

Más lejos, en el n.º 323, hay otro almacén de madera, más pequeño. Otros almacenes han sido transformados en apartamentos, sobre todo el antiguo hospital construido en 1875 a la altura de los n.ºs 300 a 308.

Por último, cabe destacar el pequeño tamaño de los lugares de culto: aunque la antigua capilla luterana (n.ºs 72 a 74) no es mucho más grande que una vivienda, una iglesia de madera muy cercana (Meerpad, n.º 9) recuerda que el pueblo solo contaba con unos cincuenta habitantes en 1843.

LAS TUERCAS DE LOS PILARES DEL EDIFICIO PIRAEUS

⑧

Fragmentos de un plano de París

Entre KNSM-laan y Levantkade

El lado este del edificio Piraeus descansa sobre 24 pilotes cilíndricos, cada uno de ellos compuesto de cinco trozos ensamblados con unas tuercas muy gordas. Estos soportes, diseñados en 1995, son obra de Arno van der Mark, denominada Paso Piraeus, ya que permite el paso entre la calle y el agua. En cada una de las 96 tuercas, hay una reproducción de una parte del plano de la ciudad de París en el que el artista ha insertado fotos de monumentos, personajes o calles, que simbolizan una cierta mirada al pasado. Podrá reconocer fácilmente la Ópera, el Trocadero o Montparnasse. Estas pequeñas tarjetas están iluminadas por la noche.

EN LOS ALREDEDORES

Una comisaría de principios del siglo XX ⑨

Buiksloterweg 9b

La antigua comisaría del barrio de Buiksloot merece una visita: esta preciosa casa cuadrada de madera de los años 1915-1916 se compone de la sala de los oficiales, el despacho del comisario, dos celdas y un local para bicis.

LOS TALLERES DEL 1800 ROEDEN ⑩

Un depósito de municiones transformado en centro de creación artística

Joris van den Berghweg 101
0619848686
1800roeden.nl
Restaurante: de abril a septiembre, de viernes a domingo, de 10 a 19 h; de octubre a marzo, todos los domingos, de 11 a 18 h; excepcionalmente abierto para cenar el último domingo de cada mes, previa reserva en el 020 3626359.

Circulando por la transitada carretera de Haarlemmerweg, es imposible no ver la enorme inscripción a lo largo los tejados de una serie de almacenes: «1800 Roe».

Para comprender esta palabra de apariencia extraña, hay que remontarse a la época en que se construyó la «línea de defensa de Ámsterdam»: por aquel entonces se decidió construir un depósito de municiones situado a 1800 varas (6780 metros, ver más abajo) al oeste de la Puerta de Haarlem.

Así la expresión «1800 Roe» se ha convertido en el nombre oficial de este espacio de 2 hectáreas, que hoy comprende seis construcciones de ladrillo, identificadas con las letras A a la F.

Aunque el primer mercado (A) data efectivamente de cuando la línea defensiva Stelling van Amsterdam (y, por esta razón, fue inscrito en el Patrimonio Mundial de la Unesco en 1998), el resto de los edificios se construyeron en 1940, con la misma función. El conjunto fue un depósito de artillería hasta 1994, fecha en la que el ejército abandonó este lugar. Se convirtió entonces en un refugio para artistas y compañías de teatro, antes de ser vendido en 1996.

Hoy, este sitio está gestionado por una fundación dedicada al arte y a la cultura. La mayor parte del espacio se ha transformado en 40 talleres de 15 a 360 m^2, alquilados a artistas y artesanos. Se han creado dos grandes vestíbulos y se ha construido un anfiteatro al aire libre, con un aforo para 150 personas, siempre respetando el medio ambiente.

También hay un pequeño restaurante, La Cantina, que sirve verduras ecológicas cultivadas allí mismo.

¿*Qué es una* roe?

Las medidas heredadas de la Antigüedad, como el dedo o el codo, han sido utilizadas en los Países Bajos hasta 1815, año en que fueron sustituidas por el sistema métrico. Luego, aunque se han seguido utilizando en los países anglosajones, su uso fue formalmente prohibido en 1937.

En el antiguo sistema, la ro", o pértiga, representaba la unidad principal para los agrimensores. Su longitud, variable de una ciudad a otra, correspondía en Ámsterdam a 3767 metros. Además de los depósitos «1800 Roe», varios edificios de Ámsterdam se denominaban según su distancia a un punto preciso, especialmente los molinos «1100 Roe» y «1200 Roe», así como la granja «1300 Roe» (llamada también Het Geusevelt) (ver más arriba).

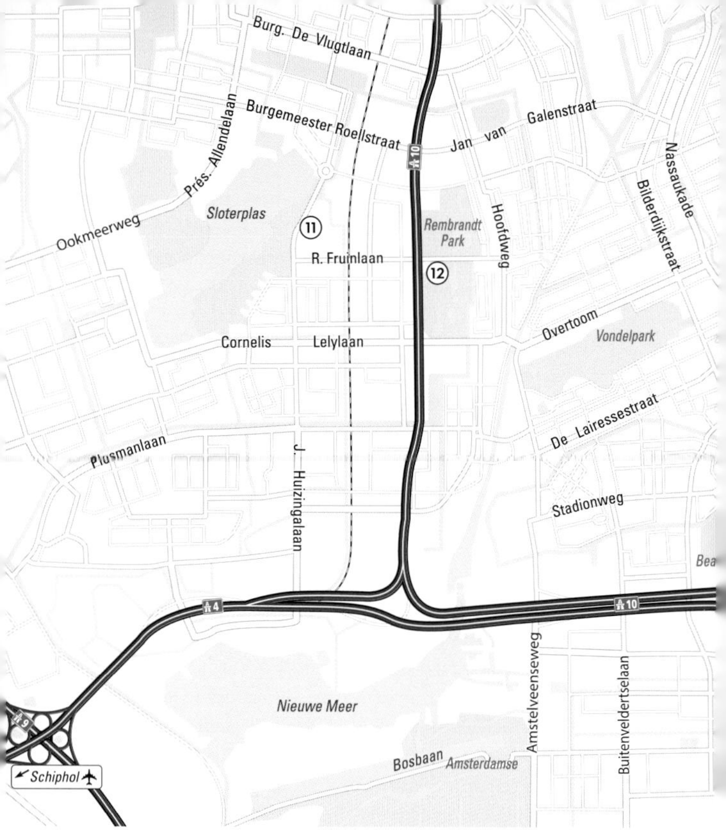

Fuera del centro - Sur - Oeste - Este

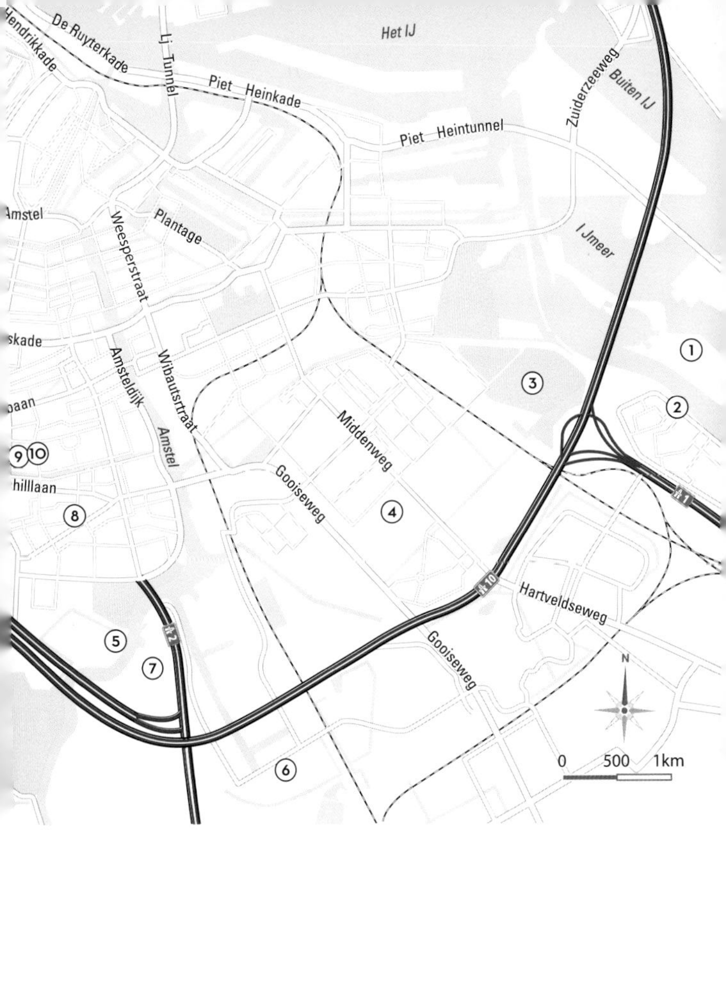
Het IJ
De Ruyterkade
Hendrikkade
Lj Tunnel
Piet Heinkade
Piet Heintunnel
Zuiderzeeweg
Buiten IJ
I Jmeer
Amstel
Plantage
Weesperstraat
skade
Amsteldijk
Wibautstraat
Middenweg
Amstel
Gooiseweg
hilllaan
Hartveldseweg
Gooiseweg
N
0
500
1km
1
2
3
4
5
6
7
8
9
10

EL BANCO SPACE TO TAKE PLACE ①

El banco más largo de Ámsterdam

Bert Haanstrakade 30

El ancho bulevar Bert Haanstrakade, que lleva el nombre del famoso documentalista neerlandés, bordea el mar al norte de IJburg y es el lugar ideal para meditar en un banco público.

Por eso, en 2008, el Ministerio de Asuntos Exteriores neerlandés publicó un concurso de diseño para fabricar un banco de 100 metros de largo, cada milésima parte del cual se donaría a una figura mundial.

Fueron las embajadas neerlandesas las que distribuyeron este regalo simbólico, convirtiendo este insólito monumento en propiedad no solo de la población local sino también del mundo entero.

Creado por Claudia Linders, el banco se llama Space to take place. Está hecho de gruesos alambres de acero pintados de rojo que dejan pasar la luz.

Símbolo de la creatividad del diseño neerlandés, su ubicación ilustra también la férrea determinación de los Países Bajos por ganarle terreno al mar.-24

EN LOS ALREDEDORES

Un hipopótamo en una esclusa ②

En el cruce entre Paul Hufstraat y Vennepluimstraat

En 2004, el nuevo archipiélago de IJburg recibió su primera obra de arte: una estatua a escala real de un hipopótamo, obra de Tom Claassen, curiosamente llamada Rhino. El artista, más conocido por sus representaciones de animales gigantes (sobre todo los elefantes que se pueden ver a lo largo de la autopista A6 en Almere), eligió el poliuretano para representar este paquidermo, de seis metros de largo y tres de ancho. Este material absorbe el impacto de las embarcaciones que lo tocan cuando cruzan la esclusa. Según el nivel del agua, la obra es más o menos visible.

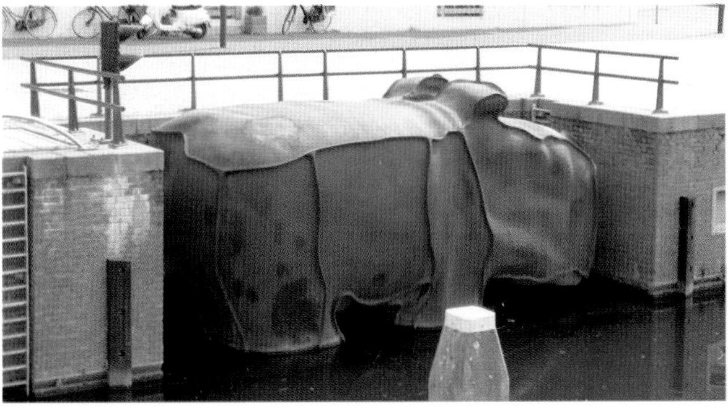

MUSEO DE LA INFORMÁTICA ③

La extraordinaria epopeya de la informática

Facultad de Medicina A.M.C., Science Park 904
Visitas previa solicitud ante el conservador, Dr. Edo H. Dooijes
020 525 75 23 o 065 132 73 06 - e.h.dooijes@uva.nl
amsterdam.info/museums/computer-museum - science.uva.nl/museum
Para grupos (hasta ocho personas), se cobra una entrada simbólica

El muy confidencial Museo de la Informática de la Universidad de Ámsterdam (1991), debe su existencia a un equipo de apasionados liderado por el Dr. Edo Dooijes. A petición de los interesados, este profesor jubilado ofrece visitas guiadas a este insólito lugar: en una gran sala (que aparentemente solo contiene el uno por ciento de la colección que reunió), la historia de la informática se ilustra con algunas de las máquinas más innovadoras de su época.

El ordenador más antiguo del museo es un IBM de 1948, compuesto por 500 tubos electrónicos: el cálculo más complejo que podía hacer era la raíz cuadrada. También se expone el primer miniordenador (de 50 x 150 centímetros), el PDP-8 de Digital Equipment Corporation.

Este aparato tenía 300 tarjetas, cada una de las cuales contenía seis transistores, ya que aún no existían los circuitos integrados.

En cuanto a la codificación, la máquina Friden Flexowriter, de los años 50, recuerda que, hasta los años 70, los programadores transmitían sus órdenes de cálculo a través de una cinta y los resultados les llegaban de la misma forma. En cuanto al sistema de tarjetas perforadas, descubrimos que se inventó en Estados Unidos para el censo de 1892, y que dio lugar a una máquina utilizada en las universidades para guardar programas a partir de 1919.

El Museo de la Informática también cuenta con el impresionante ordenador analógico EAI680, capaz de resolver ecuaciones diferenciales. En los años 1960, era el único ordenador que funcionaba en tiempo real, mostraba sus resultados en un osciloscopio. Una cámara Polaroid servía para guardar un registro fotográfico de las operaciones realizadas.

Junto a estas máquinas dedicadas a cálculos complejos (incluidas las trayectorias de los transbordadores espaciales), varios aparatos ilustran la fantástica evolución de los ordenadores personales: el Apple Lisa (1983), el primer Macintosh (1984) y el IBM AT (1984) se sitúan junto a los primeros modelos de portátiles (en particular, el Compass II, de 1982) y de tabletas (ya que, en 1987, el Newton de Apple prefiguraba el iPad de 2010).

Por último, el museo también alberga curiosidades anteriores a la era digital, como las calculadoras electromecánicas utilizadas por los matemáticos a principios del siglo XX.

LEVENLOOS GEBOREN
KINDEREN

EL MUSEO FUNERARIO ④

Ataúdes, coches fúnebres y máscaras funerarias

Nederlands Uitvaart Museum Tot Zover, Kruislaan 126
020 608 06 08
totzover.nl
Abierto de martes a domingo de 11 a 17 h

El Museo Funerario, situado (muy convenientemente) cerca del cementerio de Nieuwe Oosterbegraafplaats, expone principalmente objetos de la colección personal de Henk Kok iniciada a mediados de los años 1960: apasionado por su tema de estudio, Kok dejó su trabajo para dedicarse a la investigación sobre la evolución de las prácticas relacionadas con la muerte, sobre cuya esencia ha escrito un libro sobre el léxico funerario, publicado en el año 2000.

Es cierto que la era postindustrial ha instaurado un nuevo enfoque sobre la muerte: hoy lo habitual es fallecer en el hospital, y los coches fúnebres tirados por caballos, así como la ropa de luto, han desaparecido.

En 1964, Henk Kok tuvo la idea de llevar un registro de los usos y costumbres que veía desaparecer. No fue hasta 1990, con la creación de la Fundación para el Museo Funerario, cuando empezó a concretarse su proyecto expositivo. El museo no abrió hasta el año 2000.

Según la personalidad de cada uno, esta pequeña exposición ofrece un enfoque divertido –o traumático– de este tema universal.

EN LOS ALREDEDORES

Las tumbas del cementerio Zorgvield ⑤

Zorgvlied begraafplaats, Amsteldijk 273

En el cementerio de Zorgvield, los muertos han dejado un rastro tangible de su personalidad. De hecho, muchas son las celebridades neerlandesas que eligieron ser enterradas aquí, como Oscar Carré, cuyo mausoleo merece una visita. También destaca la tumba de Manfred Langer, el célebre dueño de la discoteca iT, coronada con una estatua que le representa con un vaso de cerveza en la mano. La tumba de Annie M. G. Schmidt, autora de los libros infantiles *Jip en Janneje*, está rodeada de azulejos multicolores. Más lejos, vemos que el presentador de televisión Joop Doderer mandó realizar su busto en bronce, en el que lleva puesto el sombrero que le caracterizaba en su exitoso programa *Swiebertje*. Por último, la escultura de Hildo Krop (ver pág. 154) está rematada por una escultura típica de la Escuela de Ámsterdam.

LA COLECCIÓN ANATÓMICA DEL MUSEO VROLIK ⑥

Una galería de monstruos originaria del siglo XVIII

Facultad de Medicina A.M.C., Edificio JO, junto a las salas de conferencia 2 y 3
Meibergdreef 15
020 566 49 27
museumvrolik@amc.uva.nl
amc.nl/web/AMC-website/Museum-Vrolik-EN/Museum-Vrolik.htm
Abierto de lunes a viernes de 10 a 17 h, y previa petición
Entrada gratuita (se recomienda donar 5 € por persona)
Desaconsejado para niños y embarazadas

La colección del museo anatómico Vrolik impresiona por su excepcional riqueza (unos 10 000 especímenes se conservan en alcohol) pero también, y sobre todo, por las colecciones que alberga: esqueletos, fetos humanos y animales con malformaciones...

Dos profesores de anatomía, Gerardus Vrolik (1755-1859) y su hijo Willem (1801-1863), reunieron las primeras muestras: su Museum Vrolikianum, expuesto en aquella época en su residencia, mostraba especímenes anatómicos, zoológicos y teratológicos (ver más abajo).

En 1869, un grupo de ricos amsterdameses compró el contenido de este museo y lo donó al Ayuntamiento de Ámsterdam. La colección se puso a disposición de los laboratorios anatómicos del Ateneo Ilustrado, el antecesor de la universidad de la ciudad. También fue considerablemente ampliada, en particular gracias a la donación del médico Jacobus Hovius (1710-1986) quien, desde 1736, había reunido su propia colección de huesos patológicos. En 1772, ofreció sus muestras al gremio de los cirujanos de Ámsterdam, que las utilizaba para formar a sus estudiantes en cirugía, antes de que pasaran a formar parte del Museo Vrolik. Posteriormente se añadieron otros especímenes a la colección, como 150 fetos con malformaciones congénitas, destinados a la enseñanza y a la investigación. Estos especímenes no se expusieron al público, en los locales de la Facultad de Medicina, hasta 1984.

Hoy, gracias a las explicaciones del conservador del museo, el visitante descubre los efectos devastadores de enfermedades como el raquitismo, la tuberculosis o la sífilis... En un registro más suave, recordemos que Willem Vrolik coleccionaba también los especímenes zoológicos. No obstante, en 1806, Luis Napoleón Bonaparte, primer rey de Holanda (1806-1810), empezó a reunir una colección de animales vivos, alojada en el jardín botánico cuyo director era Gerardus Vrolik. Naturalmente, cuando el león del rey murió, su esqueleto se añadió a la colección Vrolik. Hoy tiene su lugar en la «cadena de la vida» expuesta en el museo, que ilustra los conceptos de Gerardus y de Willem Vrolik en base a los cuales todos los seres vivos fueron creados según un orden preciso, del más simple al más complejo.

La teratología (del griego *teras*, monstruo, y *logos*, ciencia) es el estudio científico de las malformaciones congénitas.

EL «POSTE DEL SABBAT» A ORILLAS DEL AMSTEL

⑦

Uno de los postes del antiguo eruv *de Ámsterdam*

A orillas del Amstel, una caja metálica recuerda a un contador de luz. Se trata, en realidad, de uno de los postes del recinto ritual llamado *eruv* (ver siguiente página doble), erigido por la comunidad judía ortodoxa de Ámsterdam.

Hasta 1863, la superficie de este recinto correspondía a la de los muros de la ciudad. Pero, cuando estos fueron derribados, hubo que encontrar otra solución para materializar el *eruv*, y así fue como se inventó el ingenioso sistema de los «postes del Sabbat» (*sjabbatpalen*): estas columnas metálicas con puerta servían para sujetar las cadenas, que se colocaban cada viernes por la noche para crear el *eruv*.

Una vez terminado el *sabbat*, las cadenas se volvían a guardar en estos curiosos armarios pequeños, hasta la semana siguiente.

Sin embargo, se abandonó esta tradición en 1972 por decisión del gran rabino de Ámsterdam. En aquella época, la extensión de la ciudad hizo que este sistema fuese imposible de gestionar.

La creación de un nuevo *eruv* supuso un trabajo de años para el rabinato de Ámsterdam: no fue hasta treinta y seis años después de la supresión del primero cuando, el 6 de marzo de 2008, se completó la instalación de un nuevo recinto ritual. Este último, materializado principalmente con canales y lagos, ocupa Ámsterdam, Amstelveen y se extiende incluso más allá.

Este gran *eruv* es ahora objeto de constantes comprobaciones por parte de los rabinos de la ciudad, y gracias a una centralita se puede verificar, semanalmente, que el recinto está en su sitio y que no presenta ninguna brecha (sobre todo cuando hay heladas).

Para más información sobre el *eruv*, ver la siguiente página doble.

Se pueden ver otros «postes del sabbat» en Ámsterdan, sobre todo al sur del parque Amstel (enfrente del molino, cerca de la estatua de Rembrandt) y cerca del puente Utrechtsebrug, en el cruce de De Borcht con Amsteldijk. El Museo Histórico Judío expone también un ejemplar con sus cadenas (ver imagen superior).

¿*Qué es un* eruv?

El *eruv* (en plural: *eruvin* o *eruvim*) es un recinto ritual instalado por una comunidad judía ortodoxa, cuya función reside en delimitar un espacio en el que, los días del *sabbat* y durante algunas fiestas, se pueden realizar algunas actividades normalmente prohibidas fuera de las casas. Al juntar en un mismo espacio las propiedades públicas y privadas que rodea, el *eruv* permite ampliar, de un modo simbólico, el ámbito privado. De este modo, es posible realizar algunas acciones que, de otro modo, en determinados días, estarían prohibidas: salir de casa con las llaves en la mano, caminar con la ayuda de un bastón, o coger a un niño en brazos. Originalmente, el trazado de los *eruvim* se confundía con el de los muros de las murallas de las ciudades, cuyas puertas representaban el paso del espacio público al espacio privado. Sin embargo, la expansión de las ciudades modernas ha hecho que este sistema sea impracticable. También se han desarrollado nuevos medios para cercar el recinto ritual: según la configuración del lugar, hilos, cuerdas o cadenas extendidas sustituyen las murallas del pasado. El plano de la izquierda muestra los límites actuales del *eruv* de Ámsterdam. Al estar muchos de ellos marcados por cursos de agua, los judíos ortodoxos tienen que asegurarse de que estos canales y ríos no se congelan en invierno: el recinto sería entonces infranqueable, lo que representaría una brecha en el *eruv*.

Las 39 actividades prohibidas

Durante el *sabbat* y determinadas fiestas, el Talmud prohíbe 39 categorías de actividades, so pena de profanar la santidad de esos días. Según la tradición judía, estas actividades están asociadas a la construcción del Tabernáculo (la tienda móvil que albergaba el Arca de la Alianza en la época de Moisés).

Estas prohibiciones conciernen pues las acciones que permiten crear algo, o tomar el control de una entidad situada fuera del ámbito familiar. De este modo, no se puede realizar un trabajo que permita elaborar pan (plantar, arar, cosechar, engavillar, seleccionar, aventar granos, trillar, moler, tamizar, amasar, hornear), fabricar tejido (esquilar, blanquear, cardar, teñir, hilar, armar la cadena en los telares, preparar la cadena para pasar la trama, tejer, destejer, anudar, desanudar, coser, descoser) o cuero (cazar, faenar, degollar, desollar, curtir, alisar, marcar, cortar). También está prohibido escribir o borrar más de dos letras, construir o destruir. Tampoco se puede encender o apagar un fuego ni, por lo general, terminar cualquier trabajo. Por último, la última prohibición concierne el hecho de salir, es decir, transportar algo de un dominio privado a un dominio público.

El sabbat

El sustantivo *sabbat* designa el sábado (séptimo día de la semana). Ritualmente, el sabbat se observa desde el atardecer del viernes hasta la aparición de las tres primeras estrellas la noche del sábado.

LOS NÚMEROS EN BLANCO DE LAS CASAS DE ÁMSTERDAM

8

Un testimonio del toque de queda durante la Segunda Guerra Mundial

Estos números están en toda Ámsterdam: por ejemplo, en el número 7 de Kramatweg y en el 65 de Roerstraat
Visitar también la web spoorzoekeninderivierenbuurt.nl

Al recorrer las calles de Ámsterdam, se ven todavía muchos números pintados de blanco que reproducen, en diversos tamaños, los de las placas oficiales que el ayuntamiento colocó en las casas.

No fue hasta los años 2000 cuando estos números en blanco empezaron a despertar la curiosidad de varias asociaciones, que se han esforzado en inventariarlos y en buscar su origen.

Gracias al estudio de documentos de archivo, se ha descubierto que la mayoría de estas marcas se remontaban a la Segunda Guerra Mundial... ¿Pero para qué servían?

Primero se pensó que la mayoría de los «números en blanco» que se siguen viendo en los barrios de Transvaalbuurt y de Rivierenbuurt, de donde muchos judíos fueron deportados por los alemanes, servían para facilitar las redadas, indicando los lugares ocupados por los israelitas. Sin embargo, desde 2010, las investigaciones realizadas por los amsterdameses demostraron otra realidad: estos números, escritos con tiza, cal o pintura, a mano alzada o mediante el estarcido, los habían colocado los residentes en las casas, para cuando volviesen a casa por la noche.

En efecto, desde la noche del 10 u 11 de mayo de 1940, y hasta el final de la guerra, el toque de queda obligó a los amsterdameses a mantener las ventanas cerradas, y las calles no tenían iluminación.

Esta oscuridad total, aunque libró a la ciudad de los ataques aéreos, provocó numerosos accidentes, sobre todo ahogamientos en los canales... Es por ello que los habitantes de la ciudad tomaron la costumbre de llevar consigo una pequeña lámpara alimentada por una dinamo: el fino haz de luz que generaba este aparato les permitía localizar fácilmente los números en blanco en las fachadas, y no perderse.

Se recomendó esta práctica desde 1936 hasta 1985, primero por el Servicio de Defensa Antiaérea (*Luchtbeschermingsdienst*), luego por el Servicio de Protección Civil (*Bescherming Burgerbevolking*): durante este largo periodo, muchos habitantes pintaban con regularidad el número de sus casas en blanco, antes de que olvidasen lo que significaban.

Hoy, varias asociaciones han decidido conservar estos testigos del pasado: los números en blanco de las fachadas están siendo protegidos de los estragos del tiempo con placas de vidrio irrompibles.

PIZZERIA *BOAT-IN*

⑨

¡Mejor que el drive-in, el boat-in!

Pizzeria San Marco
Amstelkade 148a
020 673 08 84

Si tiene la suerte de tener un barco o de poder alquilarlo (ver a continuación), entonces tendrá el excepcional privilegio de descubrir la ciudad desde una perspectiva muy diferente.

Aproveche y acérquese a la singular pizzería San Marco que le atenderá sin necesidad de desembarcar.

Ámsterdam y los propietarios de la pizzería acaban de inventar el extraordinario concepto del *boat-in*, después del concepto, pasado de moda, del *drive-in*. ¡No encargue una hamburguesa al volante de su coche y venga a disfrutar de todo lo que Ámsterdam le puede ofrecer!

La pizzería está ubicada en una de las cuatro casitas del puente del canal del Amstel (Amstelkanaal).

Alquilar un barco en Ámsterdam

Como en Venecia, la mejor forma de visitar la ciudad es navegando. Evidentemente, no le vamos a recomendar los múltiples barcos para turistas cuyos comentarios en diferentes idiomas le marearán. Sencillamente, puede alquilar su propio barco, incluso si no tiene permiso de navegación. Comparado con Venecia hay una ventaja: no tendrá que enfrentarse a las innumerables góndolas en los estrechos canales. Los barcos antiguos, o salonboten, pueden alquilarse por una hora o un día, con patrón, con o sin las comidas incluidas.

Puede reservar en Lovers (lovers.nl) enfrente de la estación, o bien en el Hilton (aquadam.nl), en Apollolaan, o bien en Cruise with us (cruisewithus.nl). Mejor aún, también puede alquilar barcos eléctricos sin patrón en Canal Motorboats (020 422 7007).

EN LOS ALREDEDORES

El barómetro del hotel Okura (10)

Ferdinand Bolstraat 333
020 678 71 11

Sus 75 metros de altura hacen del hotel Okura el barómetro más alto de los Países Bajos. La parte baja del tejado está iluminado con una luz que cambia según la presión atmosférica, lo que nos da una idea de los cambios de tiempo. El color azul anuncia un anticiclón y el verde, la llegada de una borrasca.

LA CASA-DEPURADORA DE TRETJAKOVLANN

(11)

Una estación depuradora transformada en apartamentos

Watertank Woningen, Tretjakovlaan 4-16

En este barrio popular donde conviven grandes bloques de edificios y casitas de madera, una pequeña vivienda destaca por su original diseño: hasta los años 1930, los tres cilindros de hormigón que la componen pertenecían a una depuradora de aguas residuales.

Entre 1999 y 2000, tres arquitectos neerlandeses, D. van Gameren, Bj. Mastenbroek y P. Tomesen, consiguieron transformar estas estructuras, en principio poco atractivas, en alojamientos de excepción.

Inicialmente, el depósito más grande, de 12 metros de altura, se convirtió en apartamentos: quitaron el tejado y las instalaciones internas, y se edificó un pequeño edificio rectangular de 4 plantas dentro del cilindro. Este alberga 7 alojamientos, uno de los cuales sobresale de la estructura y ofrece unas vistas panorámicas de los alrededores. Los arquitectos también supieron aprovechar el considerable grosor del hormigón: además de las aberturas de la entrada y de las ventanas, se construyeron terrazas y, en la parte oeste, abrieron un gran hueco para que la luz pudiera entrar en los apartamentos, ampliamente acristalados. Un garaje, situado el planta baja del cilindro, completa esta sorprendente instalación.

En cuanto a los otros depósitos, no han sido demolidos: uno se ha convertido en depósito de almacenamiento para los residentes de los apartamentos, y el otro ha conservado su función inicial: recoger las aguas residuales del edificio.

El cilindro más grande se llama *Dik Trom*, en alusión a un personaje del libro infantil de C. Joh. Kieviet, *De zoon van Dik Trom*. Este libro, publicado en 1907, cuenta las desventuras de un niño demasiado glotón que engorda y se vuelve malvado.

EN LOS ALREDEDORES

Un terreno destinado para cabañas (12)

Bouwspeelplaats Het Landje, Rembrandtpark 1
020 618 36 04
Abierto a niños de 6 a 14 años de martes a viernes de 12 a 17 h. En verano hasta las 17:30 h. Sábados y vacaciones escolares de 10 a 17 h

Desde hace varias décadas, los niños pueden construir su cabaña de madera en un espacio del parque Rembrandt. En este taller, donde se mezclan los orígenes y las clases sociales, se suministra todo lo necesario a cambio de una aportación simbólica a los gastos. Uno puede incluso conservar su cabaña entre una sesión y otra, a condición de venir a trabajar al menos una vez por semana.

NOTAS

Fue en septiembre de 1995, en Peshawar, Paquistán, a 20 kilómetros de las zonas tribales que visitaría días más tarde, cuando a Thomas se le ocurrió poner sobre el papel los rincones secretos que conocía en París. Durante aquel viaje de siete meses desde Pequín hasta París, atraviesa, entre otros países, el Tíbet (en el que entra clandestinamente, escondido bajo unas mantas en un autobús nocturno), Irán, Irak y Kurdistán, pero sin subirse nunca a un avión: en barco, en autostop, en bici, a caballo, a pie, en tren o en bus, llega a París justo a tiempo para celebrar la Navidad en familia.

De regreso a su ciudad natal, pasa dos fantásticos años paseando por casi todas las calles de París para escribir, con un amigo, su primera guía sobre los secretos de la capital. Después, trabaja durante siete años en la industria siderúrgica hasta que su pasión por el descubrimiento vuelve a despertar. En 2005 funda su editorial y en 2006 se marcha a vivir a Venecia. En 2013 viaja, en busca de nuevas aventuras, con su mujer y sus tres hijos durante seis meses de Venecia a Brasil haciendo paradas en Corea del Norte, Micronesia, Islas Salomón, Isla de Pascua, Perú y Bolivia. Después de siete años en Rio de Janeiro, vive ahora en Berlín con su mujer y sus tres hijos.

La editorial Jonglez publica libros en nueve idiomas y en 40 países.